学 び を つ な ぐ ！

「キャリア・パスポート」

CAREER PASSPORT

文部科学省 国立教育政策研究所 生徒指導・進路指導研究センター 編

光村図書

目次

キャリア・パスポートって何だろう？

キャリア・パスポートで「これまで」を「これから」に活かそう！

文部科学省　国立教育政策研究所生徒指導・進路指導研究センター　初版発行 平成30年5月

なぜポートフォリオは
キャリアを考える上で効果的なの？

特に小学校で，真剣に考えるようになるんだね

キャリア教育の場面においては，<u>学習や活動の内容を記録し，振り返ることには，教師にとっても，児童生徒にとっても意義があります。</u>

キャリア教育の成果に関する評価，例えば，「アンケートやポートフォリオ等」の実施を全体計画に盛り込んでいる学校の「児童・生徒は自己の生き方や進路を真剣に考えている」という結果が全国アンケート[*1]からも得られています。

また，実際に「生徒理解のための個人資料」として「キャリア教育の記録（ポートフォリオ）や成果」を利用している学級・ホームルーム担任の先生方は，キャリア教育を通じて「生徒は自己の生き方や進路を真剣に考えている」と手応えを感じているようです。

児童・生徒は自己の生き方や進路を真剣に考えている

🔍 学校調査 「全体計画内に盛り込んでいる事項」

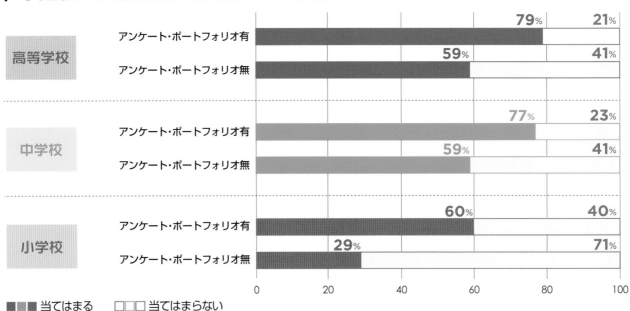

		当てはまる	当てはまらない
高等学校	アンケート・ポートフォリオ有	79%	21%
	アンケート・ポートフォリオ無	59%	41%
中学校	アンケート・ポートフォリオ有	77%	23%
	アンケート・ポートフォリオ無	59%	41%
小学校	アンケート・ポートフォリオ有	60%	40%
	アンケート・ポートフォリオ無	29%	71%

■■■ 当てはまる　　□□□ 当てはまらない

🔍 担任調査 「生徒理解のための個人資料」

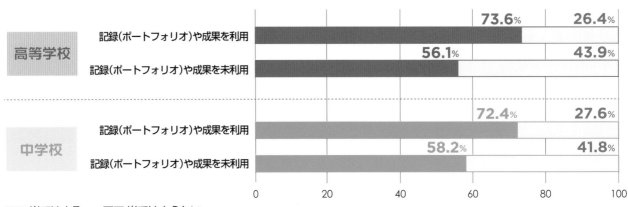

		当てはまる	当てはまらない
高等学校	記録（ポートフォリオ）や成果を利用	73.6%	26.4%
	記録（ポートフォリオ）や成果を未利用	56.1%	43.9%
中学校	記録（ポートフォリオ）や成果を利用	72.4%	27.6%
	記録（ポートフォリオ）や成果を未利用	58.2%	41.8%

■■ 当てはまる　　□□ 当てはまらない

Q. なぜ,こうした記録,ポートフォリオの活用は「児童生徒は自己の生き方や進路を真剣に考え」ることにつながるのでしょうか?

A. ポートフォリオが,キャリアに合った(自己)評価の形だから

　人は他者や社会との関わりの中で,職業人,家庭人,地域社会の一員等様々な役割を担いながら生きています。こうした様々な役割について,人はその関係や価値を自ら判断し,取捨選択や創造を重ねながら取り組んでいきます。こうした役割の連なりや積み重ねがキャリアとなります。

　キャリアは「ある年齢に達すると自然に獲得されるものではなく(中略)発達を促すには,外部からの組織的・体系的な働きかけが不可欠」[*2]であるとも言われています。

　児童生徒が自ら「様々な役割の関係や価値を自ら判断」し,「取捨選択や創造を重ねる」ことができるためにも,そうした活動を促す組織的・体系的な働きかけと,それを支える教材が不可欠です。

　このように考えると,その時々の活動を記録し,蓄積していくポートフォリオは,「様々な役割の関係や価値を自ら判断」し,「取捨選択や創造を重ねる」ための材料と見ることができます。

　キャリアが役割の連なりや積み重ねであることに立ち返れば,そうした材料(教材)とそれを利活用した教育活動は1回きりで終わるものではあり得ません。日々の振り返りや,学期,学年ごとの振り返り,学校種を越えて,積み重ねられていくものになります。

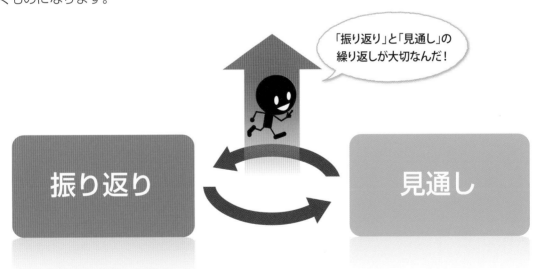

「振り返り」と「見通し」の繰り返しが大切なんだ!

振り返り　　見通し

＊1 このデータは以下の調査結果を基にしています。
調査名称:キャリア教育・進路指導に関する総合的実態調査
実施時期:平成24年10月〜11月
調査方法:各都道府県,政令指定都市において所管する公立学校からの抽出
調査協力:学校(小995校,中500校,高993校),学級・ホームルーム担任(小1,681名,中950名,高1,978名),
児童生徒(小4,179名,中4,235名,高4,660名),保護者(小4,008名,中3,931名,高4,259名),卒業者(中1,503名,高1,169名)に御協力を頂きました。
※本調査結果の詳細については,以下の2冊の報告書を御参照ください。
　第一次報告書:http://www.nier.go.jp/shido/centerhp/career_jittaityousa/career-report.htm
　第二次報告書:http://www.nier.go.jp/shido/centerhp/career_jittaityousa/career-report_2.htm

＊2 「今後の学校におけるキャリア教育・職業教育の在り方について(答申)」(平成23年1月31日)第1章

新学習指導要領と答申に見える
ポートフォリオに係る記述

　前ページまでで見てきたことを踏まえると，2020年からの学習指導要領やその根拠となった2016年の中教審答申において，次のように記載されていることについて腑に落ちる先生もいらっしゃるのではないでしょうか。

●学習指導要領特別活動第2〔学級活動・ホームルーム活動〕3内容の取扱い

　学校，家庭及び地域における学習や生活の見通しを立て，学んだことを振り返りながら，新たな学習や生活への意欲につなげたり，将来の（在り方）生き方を考えたりする活動を行うこと。その際，（児童）生徒が活動を記録し蓄積する教材等を活用すること。

●中央教育審議会答申 平成28年12月21日

　子供一人一人が，自らの学習状況やキャリア形成を見通したり，振り返ったりできるようにすることが重要である。そのため，子供たちが自己評価を行うことを，教科等の特質に応じて学習活動の一つとして位置付けることが適当である。例えば，特別活動（学級活動・ホームルーム活動）を中核としつつ，「キャリア・パスポート（仮称）」などを活用して，子供たちが自己評価を行うことを位置付けることなどが考えられる。その際，教員が対話的に関わることで，自己評価に関する学習活動を深めていくことが重要である。

●中央教育審議会答申注釈 平成28年12月21日

　（前略）…既に複数の自治体において，「キャリアノート」や「キャリア教育ノート」などの名称で，児童生徒が様々な学習や課外活動の状況を記録したり，ワークシートとして用いたりするなど，子供自らが履歴を作り上げていく取組が行われており，こうした取組も，「キャリア・パスポート（仮称）」と同様の趣旨の活動と考えることができる。こうした既存の取組の成果を参考としながら…（後略）

既存の取組を
見に行こう！

本特別編では，次号以降で
「キャリア・パスポート」の実践に取り組んでいる事例を御紹介します。

文部科学省
国立教育政策研究所
NIER
National Institute for Educational Policy Research

〈編集・発行〉生徒指導・進路指導研究センター　平成30年5月
TEL：03-6733-6882　FAX：03-6733-6967
URL：http://www.nier.go.jp/04_kenkyu_annai/div09-shido.html

文部科学省　国立教育政策研究所生徒指導・進路指導研究センター

キャリア・パスポートで小・中・高をつなぐ

～ 北海道「小中高一貫ふるさとキャリア教育推進事業」より ～

今回は
北海道,羅臼町 の
事例です!

文部科学省　国立教育政策研究所生徒指導・進路指導研究センター　初版発行 平成30年5月

小学校・中学校・高等学校を
キャリア・パスポートでつなげる
― 北海道「小中高一貫ふるさとキャリア教育」と知床・羅臼版キャリア教育の取組に学ぶ ―

　キャリア教育リーフレットシリーズ 特別編 キャリア・パスポート特別編第2号では，北海道「小中高一貫ふるさとキャリア教育」とその指定地域の一つである北海道羅臼町の知床・羅臼版キャリア教育，及び，その中で行われている「キャリアノート」の取組を御紹介します。

　北海道教育委員会は，平成27年度から3年間，道内14管内の同一市町村の小学校，中学校，高等学校を指定しました。

　地域の未来を担う人材を育成するため，地方自治体や地域の産業界など関係機関・団体の支援を受けながら，研究指定校において，家庭生活の大切さや子供を育てることの意義についての学習や，小学校，中学校，高等学校間の体系的なキャリア教育に取り組み，北海道におけるキャリア教育の充実を図ることを目的にしています。共通の取組の一つとして「キャリアノート」の活用が挙げられます。

　北海道教育委員会は「キャリアノート」作成に当たっての留意事項を以下のように明示しました。

留意①　「キャリアノート」は，小中高12年間において，節目となる入学期・卒業期には，自分の成長の足跡を振り返りながら現在の自分自身を見つめ，自分の将来や働きたい仕事，生き方を考えることができるよう構成する。

留意②　「地域ダイスキ！プロジェクト」※1及び「子どもダイスキ！プロジェクト」※2を実施する対象学年については，目標や取組内容，感想等を記載させる。

※1 小中高一貫ふるさとキャリア教育推進事業の柱①　地域のよさや地域で生活を営むことについての理解を深める取組
※2 小中高一貫ふるさとキャリア教育推進事業の柱②　家庭生活や子育ての課題を理解するとともに，課題解決に向けた意識を高める取組

留意③　「地域ダイスキ！プロジェクト」及び「子どもダイスキ！プロジェクト」の取組以外においても，キャリア教育に位置付ける教育活動（例えば，体育大会，運動会，文化祭，学芸会，見学旅行，インターンシップ，職場体験・見学等）については，目標や取組内容，感想等を記載させる。

　小中高それぞれにおいて，記載させる内容の候補として以下のとおり示しました。

小学校の場合	中学校の場合	高等学校の場合
・住んでいるところで好きなところ，好きな人を書こう。 ・できるようになりたいことを書こう。 ・将来，どのような仕事をしたいか（してみたいか）書こう。	・住んでいる地域で行われる好きなお祭りや行事を書こう。 ・〇年生で挑戦したいことを書こう。 ・高校で頑張ってみたいことを書こう。 ・将来，やってみたい，就きたい仕事などを書こう。	・地域の来場者数を増やすためにはどんなPRが必要か書こう。 ・〇歳までには必ず実現したいことを書こう。 ・大学生，社会人になって頑張ってみたいことを書こう。

　次に，各校種をつなげる工夫をしている「キャリアノート」を活用している，北海道立羅臼高等学校と羅臼町立小中学校の事例を紹介します。

各学校段階をつなげる工夫を知床・羅臼版キャリア教育 羅臼高校の取組に学ぶ

知床・羅臼の自然や産業を生かしたふるさとキャリア教育を推進しています。
「キャリアノート」もその一つで, 羅臼町内の全小学校から羅臼中学校, 春松中学校へ持ち上がり, 羅臼高校に入学した生徒は全員が小学校からのキャリアノートを持って来ています。

羅臼高校の校長先生に実際の取組を聞いたよ！

  羅臼高校 校長先生
「キャリアノート」の取組は今も改善の途上ですが,
現時点の取組のポイントと今後の展望を併せて紹介します。

ポイント① 小中高をつなぐ

　高校1年の学年末に書く「キャリアノート」のページには "中学生の頃と比べて" という項目が盛り込まれており, 中学校の「キャリアノート」を振り返る場面が設定されています。

　もちろん, 前の学年の記録を読み返す仕掛けや次年度の取組への見通しを立てさせる仕掛けも行われています。

　このように, 学期や学年のみならず, 時には下級学校での経験も併せて振り返り, これからを見通すように活用することが大切です。

羅臼町では, 小中高一貫教育研究会を設置し, 学校, 家庭, 地域で学びをつなぐ**体制**を構築しています。

ポイント② 将来とつなぐ

高校版では "今の学びが, 将来, どのように役立つか" 考えさせる項目が多く設定されています。

 何を記録させるかも大事ですが, 蓄積を<u>どう活用するか</u>を忘れてはいけませんよね。

児童生徒の記録を基にして教師はどう関わるのか

対話にも使えるんだね

児童生徒を認めていることが伝わるメッセージを返す

書かせて終わりではなく,児童生徒の頑張りを教師が認めているというメッセージを返すことが大切です。教師の負担を軽減しつつも,対話的な関わりを目指す上では,児童生徒の記載内容の「ポイントとなるところに線を引く」程度からまずは始めるのでも良いでしょう。キャリア・カウンセリングの初めの一歩としても位置付けたいところです。(キャリア・カウンセリングについては平成28年に当センターから発刊された「語る,語らせる,語り合わせるで変える！キャリア教育」を参照してください。)

課題や検討が必要なこともまとめておきましょう。

キャリア・パスポート活用にあたっての検討課題

どのように記録させるの？

児童生徒の行動と考えや思いを整理する工夫が重要ですよね。「具体的に何をした」「今度は何をする」といった項目や「そのときどう思った」「なぜこうしたい」といった項目などを尋ねることで,自分の行動を客観的に見るように促していくのも有益でしょう。

キャリア・パスポートをまとめるときを見越して,後で振り返ったときにそのときの気持ちを思い出す手掛かりとなる記述がなるべく多くなるように促しましょう。

書くのが苦手な児童生徒は「印象に残ったことは『体育祭』」,「頑張ろうと思うことは『テストの点を上げる』」といった,単語や短文になりがちですが,まずは書けたものを前提にしつつ,自身の考えをより表現できるように関わっていくことが大切です。

見通しの観点からは,将来の自分を想像させることもよいでしょう。キャリア・パスポートに残しておくことで,想像した時点が来たときに,当時の想像の自分と,今の自分を比べる機会を提供することができます。また,自己変容を確認することにもつながります。

「教師の対話的な関わり」をするには,具体的な記述が必要では。

文部科学省
国立教育政策研究所
NIER National Institute for Educational Policy Research

〈編集・発行〉生徒指導・進路指導研究センター　平成30年5月
TEL：03-6733-6882　FAX：03-6733-6967
URL：http://www.nier.go.jp/04_kenkyu_annai/div09-shido.html

キャリア・パスポートで日々の授業をつなぐ

～ 秋田わか杉「キャリアノート」 『あきたでドリーム（AKITA de DREAM）』と 大館ふるさとキャリア教育より～

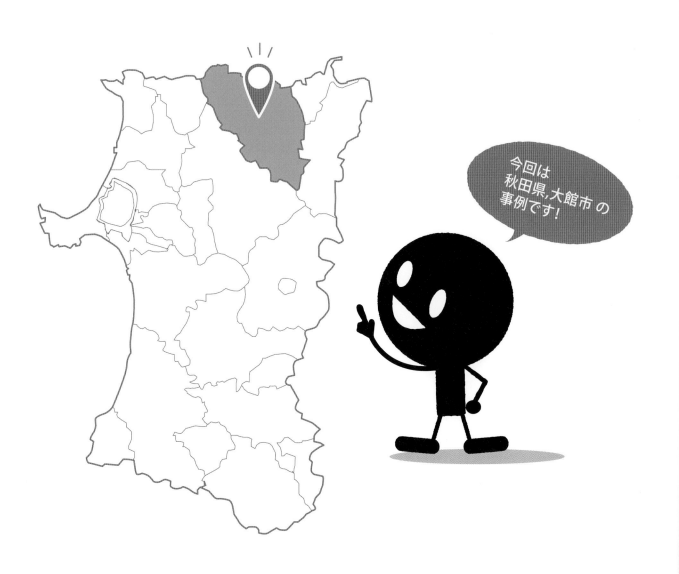

今回は 秋田県大館市 の 事例です！

文部科学省　国立教育政策研究所生徒指導・進路指導研究センター　初版発行 平成30年5月

毎時間，毎学期，毎学年で培った振り返る力と，キャリア・パスポートをつなげる

―秋田わか杉「キャリアノート」『あきたでドリーム(AKITA de DREAM)』と大館ふるさとキャリア教育の取組に学ぶ

キャリア教育リーフレットシリーズ 特別編 キャリア・パスポート特別編第3号では秋田県大館市の大館ふるさとキャリア教育とその中で行われている「キャリアノート」の取組を御紹介します。

秋田県では，教育庁が平成24年度に，<u>わか杉っ子の「キャリアノート」</u>『<u>あきたでドリーム(AKITA de DREAM)</u>』を作成し，以後，全県下の小学校・中学校においてその活用を図っています。

本号で紹介するのは，こうした全県共通の「キャリアノート」と，各校で取り組まれている日々の振り返る力の育成を関連付け，時にファイル・ポートフォリオ等も併用しながら，子供たちのキャリア発達を促している取組です。

大館市と大館ふるさとキャリア教育

大館市は秋田県北部に位置しており，市立小学校17校，市立中学校8校を数えます(平成30年4月現在)。
市内の全小学校・中学校で，「大館ふるさとキャリア教育」を学校経営の柱に据え，取り組んでいます。

「大館ふるさとキャリア教育」について

「未来大館市民の育成」を理念とし，<u>おおだて型学力(自立の気概と能力を備え，ふるさとの未来を切り拓く総合的人間力)</u>を培うことを全ての教育活動を通して行っている。

おおだて型学力を鍛える授業や，子どもハローワーク，百花繚乱作戦といった活動によって，日々の授業や，体験的な活動などを通じて多面的に働きかけている。

大館市独自の理念なんだね！

おおだて型学力
百花繚乱作戦
おおだて型学力を鍛える授業
子どもハローワーク

1 百花繚乱作戦

各校が地域の教育資源を生かし，児童生徒が自分たちの地域に目を向ける機会となる学習活動を各校独自に実施している。<u>地域でのボランティアや，地域の特産物の栽培・販売等</u>といった，各校ならではの取組を地域と一体になって行っている。

2 おおだて型学力を鍛える授業

人間的基礎力，大館市民基礎力，大館市民実践力を，段階を追って培うことを念頭に，授業を行っている。授業の最後に振り返りを行い，自己の成長やなりたい自分の姿に気付くように促している。

3 子どもハローワーク

<u>地域・企業が行う仕事やイベントのお手伝い，ボランティアへの参加</u>などの体験を行っている。体験した内容は，実績を記録するための「キャリア・カード」*に記載され自身がどのような活動をしてきたかがわかるようになっている。

＊職業体験ボランティア

Q. こうした大館ふるさとキャリア教育の中で，「キャリアノート」はどのように活用されているのだろう？

A. 児童生徒の「振り返る力」の成長に伴走するように，「キャリアノート」へ記録を蓄積していきます。

大館ふるさとキャリア教育においては，各校種において，全教育活動をキャリア教育の視点から進めていきます。そうした日々の児童生徒の変容・成長を，「キャリアノート」に蓄積していきます。

📖例 城西小学校 ―「算数の振り返り」

城西小学校では，「算数の振り返り」を行っています。低学年では右に示した項目によって振り返りの手掛かりを児童に示しますが，学年が上がるにつれて子供たち自身の発想で振り返りを行うように促します。

日々の授業で培った振り返りの力を，他の様々な活動場面でも発揮するように教師は促していきます。例えば，異学年交流の場面では，上級学年の児童が振り返りを行う様子を下級学年の児童に見せ，自身の今後を見通す機会としても位置付けています。

こうして培われた振り返る力を基盤に，「キャリアノート」に記録が蓄積されていきます。

「算数の振り返り」
・新しく気付いたこと
・自分の考えがかわった理由
・友達の考えを聞いて思ったこと
・学び合いを通して感じたこと
・次に学びたいこと

> 振り返りの活動が
> ずっと続いていくんだね！

📖例 下川沿中学校 ― 毎時間と学期，学年単位のリフレクションをつなげる

下川沿中学校では「追究型学習」の発想に立ち，右に示した3つのことを，各教科・領域の中で実践しています。

こうした授業の中で毎時間行われるリフレクション（振り返り）や，「特活ファイル」，「総合ファイル」への記録などを通して，小学校で培った振り返る力を更に伸ばしていきます。

第2学年の「総合的な学習の時間」では，年度当初に「キャリアノート」に記した「なりたい自分」を踏まえ，「特活ファイル」，「総合ファイル」を用いて具体的に自身の成長を把握させ，リフレクションの時間において第3学年を見据えて今後の生活を見通すといった授業を行っています。

追究型の
学習課題の設定

↓

追究，実験，比較，検討，
発表などの学習活動の導入

↓

提示課題を用いた
リフレクション

POINT 毎時間，毎学期，毎学年で培った振り返る力を生かす

　もし，キャリア・パスポートに関わる取組を子供たちに「学期末や年度末に1時間だけを使って書かせて終わり」という内容にするなら，とても負担感が多いものになってしまうことでしょう。何もせずに学期末や年度末を迎えてしまうと，子供たちの記憶も薄れてしまっており，なかなか書けずに苦しむ子も出てきてしまうかもしれません。

　むしろキャリア・パスポートを活用していく上では，日々の教育活動の中で培われていく振り返る力と関連付けることを意識したいところです。これは新しいことを始めるというわけではなく，各教科・領域における活動の中にある，自身の考えを振り返ったり，表現したりする機会を活用することを意味しています。

　例えば，大館ふるさとキャリア教育では，各校の日常の中で行われる振り返り（各教科等の授業やファイルへの活動記録のまとめ等）と，その場面で培われた振り返る力を基盤にしながら，「キャリアノート」を書くことが行われていました。こうした日々の活動と，ある程度の時間を取ってキャリア・パスポートを書く活動とを，キャリア教育の視点から一体的に捉え，いずれも振り返る力を培うものとして計画類に位置付けることが大切です。

　キャリア教育リーフレットシリーズ 特別編のキャリア・パスポート特別編 第1号でも御紹介したとおり，2020年からの学習指導要領においては，振り返りが重視されています。また，同学習指導要領が何を学んだかとともに，何ができるようになるかも意識されていることに鑑みれば，日々の授業でできるようになった「振り返り」こそがキャリア・パスポートを書くための基盤になるよう，意識しつつ指導することが大切です。

文部科学省
国立教育政策研究所
NIER　National Institute for Educational Policy Research

〈編集・発行〉生徒指導・進路指導研究センター　平成30年5月
TEL：03-6733-6882　FAX：03-6733-6967
URL：http://www.nier.go.jp/04_kenkyu_annai/div09-shido.html

キャリア・パスポートで「児童生徒理解」につなぐ

～ 世田谷区立尾山台小学校 「キャリアン・パスポート」より～

今回は
東京都,世田谷区立
尾山台小学校 の
事例です!

文部科学省　国立教育政策研究所生徒指導・進路指導研究センター　初版発行 平成30年11月

一人一人の中にある "小さな気付き",その積み重ねと振り返りで "大きな宝物"につなげる

　キャリア教育リーフレットシリーズ特別編 キャリア・パスポート特別編第4号では,世田谷区立尾山台小学校の取組を御紹介します。

　平成26年当時の世田谷区立尾山台小学校の児童の実態を,「自分に自信がない」「発言が少なく,声が小さい」「他者への関心が薄く,関わりが苦手」と先生方は捉えていました。また,当時の全国学力・学習状況調査児童質問紙では,「自分にはよいところがある」「将来の夢や目標をもっている」においてマイナス評価が明らかとなりました。

　そんな時に先生方は「キャリア教育」に出会います。校内研究を進める中で,「キャリア教育」とは「未来に向かって学びが生きている」を実感させることと考え,小学校だからこそ「キャリア教育」が必要という意識が醸成されていきました。

　そして,児童に身に付けさせたい力を明確にし,それを意識しながら教育活動を行うことになりました。

身に付けさせたい力

マーク	学校全体の「身に付けさせたい力」	5年生の「身に付けさせたい力」	文部科学省の「基礎的・汎用的能力」
よ	自分のよさに気付く力	自分のよさに気付き,それを生かそうとすることができる	自己理解能力
聴	思いを受け止める力	肯定的な反応を返しながら話を聞くことができる	人間関係形成・社会形成能力
伝	思いを伝える力	自分の思いを相手に受けとめてもらおうと工夫することができる	人間関係形成・社会形成能力
チャ	チャレンジする力	自分を高めるためにめあてをもって取り組むことができる	課題対応能力 キャリア・プランニング能力

　多くの学校と同じように,尾山台小学校でも日常的な振り返り活動は行われており,どの学年も振り返りの記録を一年間は掲示したり,ファイリングしたりしていました。

　しかし,学年を越えて振り返ったり,見通したりできるものにはなっておらず,「未来に向かって学びが生きている」ことについて,小さな気付きは得られているものの,学年で途切れがちという課題もありました。

> 児童の成長はつながっているのに,記録の方は……

　そこで,学年を越えたポートフォリオ作りに挑戦することになりました。

　児童が過去の自分と向き合い,将来の自分を思い描けるように,運動会・学芸会などの大きな行事の振り返りの記録や,各学年で取り組んだ学習の成果の記録を,各学年で2～3つを蓄積することになりました。こうしてできたのが,「キャリアン・パスポート」です。なお,キャリアンとは尾山台小学校のキャリア教育のマスコットです。

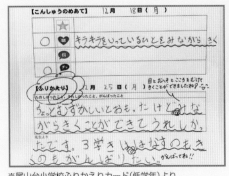

※尾山台小学校ふりかえりカード(低学年)より

今ある宝物
(小さな気付き)を

※尾山台小学校キャリアン・パスポートより

もっと
"大き

キャリアン・パスポート 【5年(6年)ツトムくん(仮名)】の事例では

5年生のめざす自分

人にやさしく,マナーを守る人

聴

ツトムくん

2学期の中頃から、5年生が学校のリーダーとなる自覚を高める指導が繰り返し行われます。

5年生2学期のふりかえり

先生がおもしろかった。にぎやかで楽しい2学期でした。

5年

5年生3学期のめざす自分

もうすぐ最高学年だから,いまのうちに最高学年としてはずかしくないようにがんばりたい。

チャ

特別活動「6年生から引き継ごう」を機に,児童会・クラブ活動が6年生中心から5年生中心になります。

記録もつながるように!

「今の内に」という言葉に自覚の高まりを感じます。最高学年といっても,特別なことをするわけではありませんよ。当たり前のことを当たり前に行うことが大事ですね。

先生より

学年の垣根を取り払おう!

6年生のめざす自分

周りの人とちゃんと話したり,相手の話を聞いたりする。あいさつをする。時間を守り,見通しをもって行動する。

聴 - 伝 - チャ

6年生1学期のふりかえり

グループで話す時にはちゃんと目を見て話すことができた。また,こまめに時計を見たり,自分からいろんな人にあいさつをしたりできた。

聴 - チャ

6年

6年生2学期のめざす自分

最高学年として言動を意識する。移動の時など周りの様子をよく見る。あいさつはできていると思うから,自分からを心がける。

よ - 聴 - 伝 - チャ

"宝物"に!

「5年生3学期の目標設定」→「教師との対話」→「6年生1学期の目標設定」→「振り返り」→「2学期の目標設定」というプロセスの中で,学びのつながりや児童の変容を見取ることができます。振り返りや教師のコメントから児童が設定する目標の質が高まっていることも分かります。

また, 自分のよさに気付く力 チャレンジする力 思いを受け止める力 思いを伝える力 に向けての努力の様子や目標の質の高まりが時系列で分かります。

児童理解は"学年の垣根を取り払って"見取る

　前ページのツトムくんの事例は，5年生から6年生にかけてのものですが，年間指導計画で見ると以下のようになります。学年を越えての指導や活動が有効につながっています。

　これも，尾山台小学校で作成されている年間指導計画が具体的かつ系統的だからこそ確認できることなのでしょう。

■キャリア教育年間指導計画（平成29年度 第5学年・3学期〜平成30年度 第6学年・1学期）

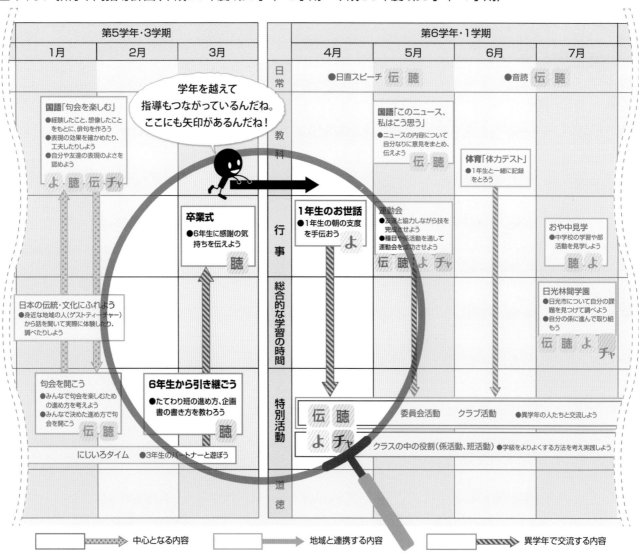

「6年生から引き継ごう」
「1年生のお世話」によるツトムくんの
成長の足跡がはっきり見えるね！

文部科学省
国立教育政策研究所
National Institute for Educational Policy Research

〈編集・発行〉生徒指導・進路指導研究センター　平成30年11月
TEL：03-6733-6882　FAX：03-6733-6967
URL：http://www.nier.go.jp/04_kenkyu_annai/div09-shido.html

文部科学省　国立教育政策研究所生徒指導・進路指導研究センター

キャリア・パスポートを「自己理解」につなぐ

～ 大分県中学校教育研究会進路指導・キャリア教育部会「自分を知ろうカード」より～

今回は
大分県の事例です！

文部科学省　国立教育政策研究所生徒指導・進路指導研究センター　初版発行 平成31年3月

自己の現状を把握し,先を見通す

題材「これまでの生活を振り返り,中学校生活を見通そう」

　キャリア教育リーフレットシリーズ特別編 キャリア・パスポート特別編第5号では,大分県中学校教育研究会進路指導・キャリア教育部会が,県内全ての小中学生を対象に作成している「自分を知ろうカード」について御紹介します。

　「自分を知ろうカード」は,**大分県内の全ての小学校6年生が記録し,それを進学先の中学校に引き継ぐ教材です**。これは,中学校1年生における不登校の増加や学習及び生活への不適応の問題から大分県中学校教育研究会進路指導・キャリア教育部会(中学校教師による任意の団体)が平成10年に開発したものです。

♪自分を知ろうカード♪

【　　】学校 【　】年 【　】組 名前【　　　　　　　　】

これまでをふり返って,自分をみつめよう。

自分の気持ちに一番近いものに○をつけましょう。【　　年　　月　　日記入】

	よくできた	まあまあできた	あまりできなかった	ぜんぜんできなかった
場面や相手に応じた,あいさつや言葉づかいをすることができましたか。				
学校や家でのルール,社会のマナー(他人に迷わくをかけない)を守って,生活をすることができましたか。				
思いやりの気持ちをもち,相手の立場に立って考えたり,行動したりすることができましたか。				
勉強や学校生活で,むずかしいことや失敗したことがあっても協力して努力することができましたか。				
委員会,係,当番活動で,与えられた役割の責任を果たすことができましたか。				
学校や家で,係以外の仕事をしたり,自分から進んでお手伝いをすることができましたか。				

★自分の良いところは,どんなところですか?

★「自分のこういうところは直さないといけない」と思うのはどんなところですか?

★今,熱中していることはどんなことですか?

○　　　　　　　○

「自己評価」「相互評価」話合い活動から生活を振り返る

　「自分を知ろうカード」はA4判両面刷りの一枚ものです。(表面では,)小学校6年生の3学期の学級活動において,学級内での話合い活動を大事にしながら,これまでの小学校生活を振り返ります。まずは,6つの視点から自己評価します。そして「自分の良いところ」,「自分の直したいところ」についての話合いを基にして自己評価,相互評価をします。また,小学校6年生の今,熱中していることを記録します。

自分の将来や,これからのことについて考えてみよう。

★あなたの将来の夢やしてみたい仕事は,どんなことですか?

将来の夢や仕事につくために,どのような道筋があるかを知っていますか。

★これから,がんばってみたいことはどんなことですか?

★中学校(中学部)の先生へ

今,学校生活に対して期待すること,わからないことや不安なことなどを書きましょう。

自分の考えを大事にしつつ他者の考えから刺激を受けて

　(裏面では,)小学校6年生の今「将来の夢やしてみたい仕事」,「これからがんばってみたいこと」を記録します。自分の考えを大事にしつつ,話合い活動によって,他者の考え方や気持ちを知り,相互に刺激を与え合い,可能性を広げられるように配慮します。

　そして,直近の進路,中学校入学に向けての期待や不安を中学校の教師に向けて書きます。

　小学校6年生の3学期に行われるこの話合い活動を基にした記録が**「自己理解」につながっています。**

　大分県中学校教育研究会進路指導・キャリア教育部会は中学校入学後,8か月がたった12月に小学校の時に記録した「自分を知ろうカード」を使った学級活動の授業を推奨しています。(次ページ授業事例を参照。)中学校では,小学生の時の記録を振り返ることにより,時間や場面を越えて自己の成長や変容を自覚する**「自己理解」につなげる**ことを狙っています。

中学校では

自己の成長や変容を自覚する

（例）中学校学級活動　題材「この一年間の自分の成長を振り返ろう」

	生徒の活動	教師の問い	生徒の発言や様子
導入	（班）中学入学後の8か月を振り返る （個）本時のねらいを確認する	「この8か月何があっただろう」 「自分を知ろうカードとは…」	班ごとに8か月を振り返る 同様のカードを一年前に記録したことは憶えていない（自信がない）

※中学校版「自分を知ろうカード」の内容は小学校版とほぼ同じ。最後の欄は「後輩へのメッセージ」になる。

	生徒の活動	教師の問い	生徒の発言や様子
展開	（個）「自分を知ろうカード」に記録する	「自分を知ろうカードを書いてみよう」	記録が円滑に進むよう教師の個別支援が有効になる
	（個）一年前の記録と比較する	「これまで同じようなカードを書いた経験はないだろうか」 「先生は大事に読ませてもらっていましたよ」 「では,一年前の記録と比べてみましょう」	「あります。6年生の時に」 「え〜,他の小学校でも書いたのですか」 「あ〜,中学校の先生が持っていたのですね」

小学校の先生から引き継ぎました。君たちの入学式前に全員分をじっくり読ませてもらいましたよ。

何で,先生が持ってるの？

先生,読んでくれてたんだ！

	生徒の活動	教師の問い	生徒の発言や様子
	（班）互いの成長を話し合う	「お互い,成長したところを確認し合いましょう」	「一年前はこんなことを心配していたのか」 「字がきれいになっている」 「みんな,成長しているね」

★中学校（中学部）の先生へ
今,学校生活に対して期待すること,わからないことや不安なことなどを書きましょう。

6年
・いろんな授業を受けることが楽しみです。
・友達関係が不安です…。

一年後

★これから中学校に入学する君たちへ
これから中学校（中学部）へ入学する後輩へ中学校生活を紹介しよう。

中1
中学校はテストがあって大変だけど、体育祭、文化祭などいろいろな行事があり、とても楽しいです。部活はほぼ毎日あるけれど、先輩も優しいです！クラスの人とも仲良くなると毎日がとても幸せです！部活に優しくします！

★中学校（中学部）の先生へ
今,学校生活に対して期待すること,わからないことや不安なことなどを書きましょう。

6年
上の学年がこわそう。

一年後

★これから中学校に入学する君たちへ
これから中学校（中学部）へ入学する後輩へ中学校生活を紹介しよう。

中1
一中は、日本一熱い学校を目指していて、とても絆強い学校なので、みなさんが来るのをとても楽しみにしています。

	生徒の活動	教師の問い	生徒の発言や様子
	（個）自己変容を確認し,見通しを立てる	「この一年間で成長したことを書き出してみよう」 「では,この活動からこれからのがんばりポイントも書き出してみよう」	自己変容に気付けない生徒への個別支援が不可欠になる がんばりポイントを意思決定したと自覚できるような配慮が求められる

☆自分が成長したこと
・1日1日を楽しめるようになったこと。
・いろんな人の相談を聞けること。
・体育祭&文化祭などでみんなを本気にさせること。
・みんなと仲良くできること。

	生徒の活動	教師の問い	生徒の発言や様子
終末	（班）自己変容とこれからのがんばりポイントを共有する （個）実践への決意をもつ	「自己変容とこれからのがんばりポイントを共有しよう」	

（次ページに解説）

中学校入学前の自らの記録を目の当たりにし自己変容を実感したこと,他者から成長を認められたことによる自己理解の深まりを見取ることができました。また,中学生の段階ともなれば様々な振り返りによって,根拠をもった見通しができるようになるかもしれません。また,「自分を知ろうカード」は書かせるだけでなく,それを活用して教師が対話的に関わることが大事であると実感しました。（学級担任談）

「自分を知ろうカード」を活用して校種を越えた「自己理解」につなぐ

　多くの学校では，学級・ホームルーム活動で児童生徒が一年間の生活や学校行事の目標を立てたり，それらを振り返ったりする活動を大事にしているはずです。また，そういった活動で児童生徒によって記録されたワークシートや作文も丁寧に掲示されたり，蓄積されたりしているのではないでしょうか。

　しかし，その蓄積と振り返りが学年や校種を越えて行われている例は必ずしも多くないようです。児童生徒の学びは連なっているのに，学年や校種の垣根で隔てられているのかもしれません。

　20〜21ページの事例は一枚の「自分を知ろうカード」を使って，校種を越えた「自己理解」につないでいるのです。

 これって、キャリア教育なの？

☆ 自分が成長したこと
- 1日1日を楽しめるようになったこと。
- いろんな人の相談を聞けること。
- 体育祭＆文化祭などで みんなを本気にさせること。
- みんなと仲良くできること。

　前ページの事例では，小学校6年で書いた「自分を知ろうカード」と一年後の中学校1年で書いた「自分を知ろうカード」を比較して見ることにより，この一年間で成長したことを生徒は右の記述のように実感しています。

　この生徒は，例えば「いろんな人の相談を聞ける」「みんなを本気にさせる」という役割を果たせるようになった自分に気が付きました。

　「キャリア」とは，人が生涯の中で様々な役割を果たす過程で自らの役割の価値や自分と役割との関係を見いだしていく連なりや積み重ねと定義（2011，2012文部科学省「キャリア教育の手引き」）されています。

　正にこの授業で，生徒は自分の役割の変化やその過程を自覚したと言えるのではないでしょうか。

　前ページの授業事例は，大分県津久見市立第一中学校のものです。

　津久見一中で全校共通のキャッチフレーズになっているのが「日本一熱く，絆強き学校」です。それが，教師との対話的な関わりによって，生徒の中に根付いていることが記録（前ページ授業事例 展開にある右側 中1の記述）を見ると分かります。

　前ページの授業の中では，小学校6年時に書いた「自分を知ろうカード」を中学校の担任が読み込んでいたことを知った生徒たちは安心感に包まれました。共感的な雰囲気の中での話合い活動，意思決定が行われていきました。

文部科学省
国立教育政策研究所
National Institute for Educational Policy Research

〈編集・発行〉生徒指導・進路指導研究センター　平成31年3月
TEL：03-6733-6882　FAX：03-6733-6967
URL：http://www.nier.go.jp/04_kenkyu_annai/div09-shido.html

キャリア・パスポートで キャリア教育と特別活動をつなぐ

～ 岡山県立津山商業高等学校「進路ファイル（キャリア・ファイル）」より～

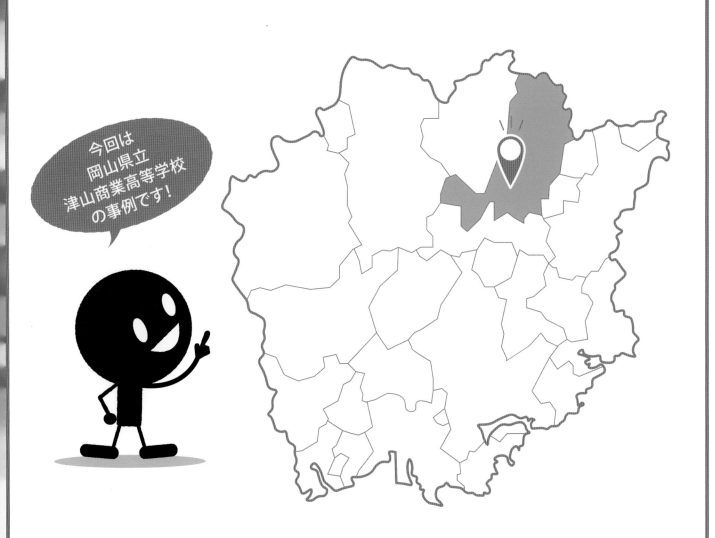

今回は
岡山県立
津山商業高等学校
の事例です！

文部科学省　国立教育政策研究所生徒指導・進路指導研究センター　初版発行 令和3年7月

自身が高校生活で得てきた成果を
一覧できるように

　キャリア教育リーフレットシリーズ キャリア・パスポート特別編6では，岡山県立津山商業高等学校の取組を御紹介します。

　岡山県立津山商業高等学校は，平成28年〜平成29年度の2年間で，国立教育政策研究所指定事業「『津商モール』を柱に商業高校での学びを実践する〜特別活動を核として商業科及び各教科で取り組む7つの資質・能力の育成」に取り組みました。平成30年・平成31年度も引き続き，同指定事業「商業高校における特別活動と各教科の学びの往還による『身に付けさせたい資質・能力』の更なる成長の検証」に取り組んできました。

　本リーフレットでは，「つしょうレインボー・プロジェクト」と「進路ファイル（キャリア・ファイル）」を御紹介します。

教育活動全体で資質・能力を育むための仕掛け－「つしょうレインボー・プロジェクト」

　津山商業高等学校では，育成する資質・能力を下に示す8つに決めました。その8つの資質・能力を生徒が身に付けることができるよう，教育活動全体を通じて生徒に働きかけることとしましたが，これを実現するために特別活動を中核に据えることとしました。ホームルーム活動における話合い活動と，学校行事である通称「津商モール」とが核として位置付けられました。

　各教科・科目等の学びのつながり，自身の成長や変容のわだちを実感できるよう，特にホームルーム活動を大切にしました。振り返ったり見通したりするための自己評価や話合い活動を通じた相互評価を積み重ね，その記録を蓄積したのです。

育成する8つの資質・能力

	育成する資質・能力	資質・能力の具体
①	情報収集力	課題発見・課題解決に向けて，幅広い観点から適切な情報源を見定め，適切な手段を用いて適切な情報を収集し，それらを整理・保存する力
②	情報分析力	事実・情報を思い込みや臆測ではなく，客観的かつ多角的に分析・統合し，本質を見極める力
③	課題発見力	様々な角度，広い視野から現象や事実をとらえ，そのメカニズムや原因について考察し，解決すべき課題を発見する力
④	構想力	様々な条件・制約を考慮しながら問題解決までの適当な手段を構築し，その過程で想定されるリスクやその対処方法を構想する力
⑤	実行力	自ら企画した問題解決の手段をより効果的に行動する力
⑥	チームで働く力	円満な人間関係を築く。協力的に仕事を進める。場を読み目標に向かって組織を動かす。
⑦	前に踏み出す力	気持ちの揺れをコントロールする。ポジティブな考え方やモチベーションを維持する。主体的に動き，良い行動を習慣付ける。
⑧	考え抜く力	問題の所在を明らかにし，必要な情報分析を行う。問題解決のための効果的な計画を立てる。効果的な計画に沿った実践行動をとる。

振り返りの材料の宝庫として ポートフォリオを活用する

資質・能力を自己評価・相互評価するための仕掛けー 「進路ファイル（キャリア・ファイル）」と「リフレクションシート」

　ホームルーム活動では生徒自身の記録「リフレクションシート」を蓄積していきます。もちろん,「リフレクションシート」は8つの資質・能力に対応するかたちで作成,利活用されます。

　「リフレクションシート」には,これから取り組む活動で特に重点が置かれている資質・能力が示されており,その上で,各生徒が自身の具体的目標を設定します。このように,これから取り組む活動や学校行事での自身の在り方を見通す工夫が施されています。もちろん,活動後には,身に付けたい力に関連付けたアンケートがシートには用意されており,8つの資質・能力に沿った振り返りを促す仕掛けとなっています。

　こうした工夫がなされたシートは「進路ファイル（キャリア・ファイル）」に収められ,各学年を持ち上がっていきます。また,確かなホームルーム経営に努めた上で,シートには,相互評価の欄が設けられています。生徒同士が目標や資質・能力,活動について認め合い,たたえ合うのです。他者の目から自分を見つめるこの取組で生徒は自己有用感や自己肯定感を醸成していきます。特別活動の特質である「集団活動」を大事にしたホームルーム活動であることが分かります。こういった互いのよさや可能性を生かし合いながら,目標や活動計画の改善にかかる意思決定につなげていきます。

リフレクションシート

1　この活動を通して「情報分析力」「課題発見力」を身に付けよう！
＜本時の目標＞
> 今まで取り組んできた特別活動への取組を通した成長した自分を認識し,津商モールに向けた見通しを持つことができる

2　4月からこれまでのことを,過去のシートを参照し振り返って,自分ができるようになったことを思いつくだけ書き出してみよう。勉強面(授業に関することなど),生活面(規律,委員会活動,清掃活動,家での過ごし方など),行事への取組方(各種行事の活動,取組む姿勢など),その他(部活動,人間関係)

・新入生オリエンテーションを通して時間を守る事　ができるようになった(勉強・生活・行事・他)

・自由祭を通して,やりたくない事でもやる事　ができるようになった(勉強・生活・行事・他)

・提出物の期限が過ぎていても,ちゃんと出す事　ができるようになった(勉強・生活・行事・他)

シート：前期の活動を振り返る項目

3　(　A　)君・さんのこんなところが変化した！(がんばりや成長など)と思うところをグループの人に書いてもらおう。(以下の枠内に記入)
↑ 自分の名前を書こう！

> 小テストの時、いつもちゃんと勉強をしていてすごいなと思った。体育委員などでみんなから重要とされる仕事がしっかりできてすごい
>
> (　B　)より

> 体育委員でいつも頑張っている。部活動でも賞をもらったりと色々な事にしんけんに取り組んでいてすごい
>
> (　C　)より

> 体育の授業の時、声かけをしてくれたりしてとてもがんばっている。授業中に話しかけてくれたりわからないところを一緒に考えてくれたりしてくれて助かる！部活で賞もとっていてすごいなと思った。
>
> (　D　)より

シート：相互評価をする項目

6　理想の高校生像に近づくためにこれから次のことを頑張ります。自分に、これからを宣言しよう。
　※言葉の続きは特に気にしないで書き進めましょう。

①私は(津商モールなどの行事　　)の時に、
(さまざまな年代にあった関わり方　　)をします。

②私は(クラスの中で決め事をする　　)の時に、
(自分がしたい事ばかりではなくいやな事も　　)をします。

●津商モールの役割や目標に修正がありますか？あれば書き直してみましょう。

○津商モールを実施することに役立つと思えることは…
> コミュニケーション能力の向上

シート：今後の生活に向け意思決定する項目

特別活動は, 「集団活動」と 「自主的,実践的活動」 が特質なんだね。

ホームルーム活動(3)は, 意思決定が大事だね。

「キャリア・パスポート」は自ら作るキャリアの合わせ鏡

　生徒が「進路ファイル（キャリア・ファイル）」に収めたい資料類を取捨選択することも特長です。すべてを蓄積しておくのではなく，年度末に次の学年や卒業後に持ち上がるべきものを自分で整理するのです。共通でファイルに収めることになっているシートの記載内容だけでも，一人一人の違いが表れてきますが，何を収めるかによっても，3年間でどういうことを積み重ねてきたのか，その生徒だけのキャリアが描かれるのです。

ワークシートや作文などすべてを「進路ファイル（キャリア・ファイル）」にとじ込んでも適切な振り返りはできないからな。

　「キャリア」とは「人が生涯の中で様々な役割を果たす過程で自らの役割の価値や自分と役割との関係を見いだしていく連なりや積み重ね」のことですが，生徒たちは日々自身のキャリアを形成していっています。その過程を写し取るのが「キャリア・パスポート」の大切な役割です。こうした意義を踏まえて取組を推進することが重要です。

先に紹介したホームルーム活動後の津山商高生の感想です。

　記録は大事です。人の記憶は都合よく書き換えられ，ついついその人の弱い癖が繰り返し表出することになる。よいことも嫌なことも書き残しておくことで確かな振り返りと根拠をもった見通しができることになります。また，他者からの評価も。

　友人が新しい自分を発見してくれたり，存在やがんばりを認めてくれたり。心が温かくなる50分でした。

文部科学省
国立教育政策研究所
National Institute for Educational Policy Research

〈編集・発行〉生徒指導・進路指導研究センター　令和3年7月
TEL：03-6733-6882　FAX：03-6733-6967
URL：https://www.nier.go.jp/04_kenkyu_annai/div09-shido.html

キャリア・パスポートを「ホームルーム経営」につなぐ

～高知県・岡豊高等学校の「キャリア・パスポート」より～

今回は
高知県の事例です！

文部科学省　国立教育政策研究所生徒指導・進路指導研究センター　初版発行 令和4年3月

高知県教育委員会
設置者の異なる中学校と高校をつなぐ "ひと工夫"

高知県教育委員会では全ての県立中学校，高等学校及び市町村（学校組合）教育委員会に対して，令和2年度から「キャリア・パスポート」の学年・校種間の引継ぎ等について依頼文を通知しています。県立学校長に向けたその依頼文（令和3年12月24日発出）を抜粋して紹介します。

令和3年12月24日

各県立高等学校長　様　　各県立中学校長　様

高等学校課長

キャリア・パスポートの学年・校種間の引き継ぎ等について（依頼）

1　引き継ぎ方法及び時期等について

① 紙媒体により，令和4年度の入学式以降で各県立高等学校（県立中学校）の指定する日（4月上旬が望ましい）に新入生自身が持参し，各中学校（小学校）側から引き継ぐこととする。

② 各校は，入学時の提出物一覧に「中学校（小学校）時のキャリア・パスポート」を加えるなど，合格者登校日等のできるだけ早い段階で，新入生に「中学校（小学校）時のキャリア・パスポート」の持参（回収）日を示すこと。

2　キャリア・パスポートの内容（様式等）について

① キャリア・パスポートの様式については，国や県教育委員会が提供している各種資料等を参考にしつつ，各地域・各学校の実態に応じて，各校独自の様式が使用されているが，様式（シート）はA4判（両面印刷可）とし，各学年の蓄積は5枚以内とする。また，校種を越えて引き継いでほしい内容として，以下の3点を県内の各市町村（学校組合）教育長に示している。
   ・各学年における，1年間の学びの見通しと振り返りの内容
   ・総合的な学習の時間の取組や職場体験活動に係る内容
   ・特色ある学校行事など児童・生徒自身が変化や成長を実感できた取組に係る内容

② 校種や学年を越えて持ち上がらない様式等については，各家庭で保管するものとする。

3　引き継いだキャリア・パスポートの利活用等について

① 個人情報の保護や記録の紛失に十分留意し，管理は原則，学校で行うものとする。

② 引き継ぐこと自体が目的ではないことから，生徒自身の自己理解や教員による生徒理解・生徒支援のために利活用を工夫すること。具体的には，次のような利活用が考えられる。
   ・入学当初や進級時の個人面談において生徒理解の参考資料として活用。
   ・記載内容を踏まえた日常の声掛け。
   ・ホームルーム（学級）活動において，過去に記入した内容を生徒に振り返らせることで，生徒にこれまでの努力や自分のよさに気づかせ，新たな目標を持たせる。

③ キャリア・パスポートを作成していない過年度生や編入生については配慮すること。

では，依頼を受けた側の高知県立岡豊高等学校の実践事例を紹介します。

岡豊高等学校

教師と児童生徒の信頼関係及び児童生徒相互のよりよい人間関係につなぐ"宝もの"

高知県立岡豊高等学校では入学式の日に中学校から持ち上がった「キャリア・パスポート」をホームルーム担任が回収します。中学校の「キャリア・パスポート」には，高校から指示があるまで大切に保管するように明記しているものもありました。表紙や内容については，基本的に市町村単位で異なっていました。

入学後，5日目のホームルーム活動ではまず個人活動を行います。中学校までの記録を振り返り，高校版の「キャリア・パスポート」"自分自身のこれまでを振り返ろう"（自己理解カード）を完成させます。生徒は大変熱心に中学校で頑張ったこと，自分の長所や短所，好きな教科・科目，高校での目標をまとめていました。

その後，ホームルーム活動は集団活動（自己紹介・決意表明タイム）に移ります。出会って5日目の生徒たちは，

 僕の高校1年1学期の目標は『他人に優しく』なんだ。

大事なこと言うね！尊敬しちゃうよ。ホント。

 じゃあ，今からお互い優しくね。

などと共感的なやり取りも見受けられました。

中にはこんな話合いをしたグループも，

 中学校のときにいじめがあって，学校が嫌になっていたんだ。
だから，自分みたいな思いをしてほしくないので，初対面の人には優しくしたい。

うちらのクラスは絶対いじめのないクラスにしようね。

ヤバい。感動する！なんかこのクラス温かいよね。

生徒同士の人間関係の深まりが感じられます。

この生徒の実際の「キャリア・パスポート」には教師の温かいコメントも記載されています。
高校1年の学年末，入学間もない時期に書いたこの「キャリア・パスポート」を振り返って，

○自分自身についてまとめよう。
＊ あなたの長所（長所をあらわす具体的なエピソードも考えよう）

> ・自分は中学1年生の時にクラスの数人にいじめられて、自分のような思いを
> みんなにはさせたくないと思い、クラスや初対面の人には優しく声を
> かけ、優しく接するようにしている。 *Nice Idea !*

＊ あなたの短所（短所をどのように克服しようとしているのかも記入しよう）

> 自分はマイペースな性格なので、高校では 何事にも全力で取り組み
> 事やチャレンジする事を取り組んでマイペースを克服したい。
>
> 別に克服したくてもいいぞ。
> やるべきことを間に合ってできれば
> OK

先生は言いたくないことは言わなくてよいと言ってくださいましたが，自分とみんなのためにと決意して発言しました。みんなの反応，共感を受けて安心したことを覚えています。先生のコメントを見て，一文一文先生の思いが伝わってきました。(*^_^*)

こんな生徒も，

○自分自身のこれまでを振り返ろう。　　　　　記入日　　年　　月　　日
＊ 中学時代、一番頑張ったことは何ですか。何を、どんなふうに頑張ったのか、あなたの頑張りが伝わる
　　ように、具体的に記入しよう。（中学校のキャリア・パスポートも参考にしよう）

> 私が中学時代、一番頑張ったことは生徒会役員（保健委員長）として全体を引っ張っていけたことです。
> 私は毎日、新型コロナウイルス感染症の予防で手洗いの徹底や、換気をする大切さなどを伝えるために
> 放送を行ってきました。また、頼会でも、困っているグループや話し合いが止まっているグループが
> あるとすぐに駆けつけて、アドバイスをしたり、節がみんなの前に出て全体の意見をまとめたりしてきま
> した。
> だから 保健委員に立候補してくれたのですね。
> 良い経験を積み重ねていると思います。

不安だらけの4月，元気付けられたことを思い出しました。私は長々と文章を書く癖があるんですが，先生が全部読んで感想をくれたことがうれしくて，自分では気付けないことも指摘してくれて。書いてよかったなって…思いました。

「キャリア・パスポート」を介しての生徒とのやり取りや生徒の活動を振り返って先生は，

生徒は思ったよりも書くんですよ。そして，その記述を基に話合いも共感的に進めることができる。中学校で積み重ねてきた経験が改めて分かりました。

私のコメントがこんなにも生徒の意欲を引き出したり，不安解消につながったりするなんて…
生徒自身が自分のよさや可能性を認識するお手伝いができたのかもしれませんね。

「キャリア・パスポート」を媒体にして教師と生徒の信頼関係が築かれていることが分かります。
学習指導要領（平成29年・30年告示）には，新たに"学級・ホームルーム経営の充実"が示されました。その充実に「キャリア・パスポート」の寄与が期待されています。

文部科学省
国立教育政策研究所
National Institute for Educational Policy Research

〈編集・発行〉生徒指導・進路指導研究センター　令和4年3月
TEL：03-6733-6882　FAX：03-6733-6967
URL：https://www.nier.go.jp/04_kenkyu_annai/div09-shido.html

文部科学省 国立教育政策研究所生徒指導・進路指導研究センター 初版発行 令和4年3月

キャリア・パスポートを 「小小連携」「保幼小中高連携」につなぐ

~棚倉町・棚倉小・社川小・棚倉中の「キャリア・パスポート」より~

今回は
福島県棚倉町
の事例です!

育む力を明確にし、保幼小中高をつなぐ『キャリア教育の町たなぐら』

　福島県棚倉町は平成25年から『キャリア教育の町たなぐら』をキャッチフレーズに全町をあげてキャリア教育に取り組んでいます。町内には私立保育園（1園），町立幼稚園（4園），町立小学校（当時5校），町立中学校（1校），県立高等学校（1校）があり，未来を担う子供たちの「学び」を地域全体で支援し，保幼小中高で資質・能力を育て，つなぐキャリア教育を推進しています。

　令和3年度棚倉町学校教育経営プランの一部を紹介します。

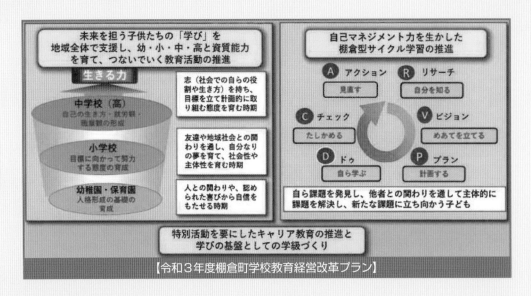

【令和3年度棚倉町学校教育経営改革プラン】

　棚倉小学校では児童が自ら具体的な行動や，自己評価がイメージできるように，四半期（3か月）ごとに目標（資質・能力）を見直しています。町内全ての学校で重視している“ほめポイント”は目標（資質・能力）を重点化，焦点化したものであり，“ほめポイント”を意識した丁寧な教師の声がけ・対話（カウンセリング）は児童生徒の自己肯定感の涵養に効果をあげています。下の棚倉小「キャリア・パスポート」には教師や友達からのほめコメントが溢れています。

【棚倉小掲示 四半期で身に付ける力】

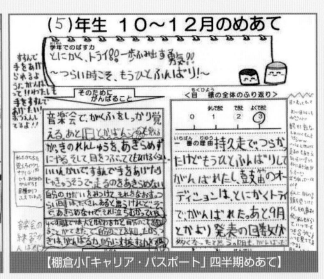

【棚倉小「キャリア・パスポート」四半期めあて】

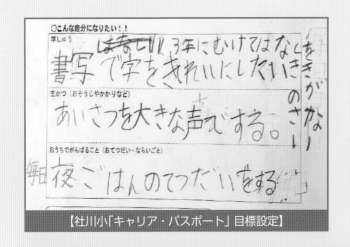

【社川小「キャリア・パスポート」目標設定】

社川小学校では,「キャリア・パスポート」記入時に児童が設定する身に付ける力を,具体的な行動や自己評価を意識して見直すよう促しています。左の「キャリア・パスポート」からは目標を何度も考え直した足跡が見て取れます。また,目標を立てたままにせず,必要に応じて朱書きで上書き修正している様子も見て取れます。

「キャリア・パスポート」で"小小""小中"をつなぐ

棚倉中学校では,町立小学校（当時５校）から引き継いだ「キャリア・パスポート」を入学直後の学級活動で活用しています。

春,入学５日目（令和３年４月13日）に行われた学級活動の様子を紹介します。

入学からの一週間を振り返るとともに,小学校から持ち上がった「キャリア・パスポート」を活用して入学前の心境を発表し合います。それぞれから紹介された"期待や不安"に,生徒からは「そうそう」「分かる！」と共感の声が上がりました。その後,小学校で頑張ってきたこと,頑張りきれなかったことを振り返り,中学校生活の目標を考える学習過程へと進みました。この時間のまとめに当たり担任は「小学校の『キャリア・パスポート』は,学校によって表紙も内容も異なりますが,"小学校で何を頑張ったか""中学校でできるようになりたいことは何か"という身に付けたい力で考えればその違いは全く気にならなかったよね。」と語りかけました。そして,他市町村（福島市）から転居してきた児童を含めて「一見,バラバラに見えた６つの小学校は実はつながっていたんだね」と開催間近に控えた五輪（東京オリンピック）になぞらえて「六輪」を示したのです。支持的風土が作られてこの学級活動は終わりました。授業終了後,次のような風景も見受けられました。

学級活動終了後の休み時間に「キャリア・パスポート」を片付ける際に，ある生徒の目にとまったのは，小学校のときに書いた「キャリア・パスポート」に記された保護者からのメッセージでした。その生徒は隣の席の友人と次のように対話しました。

保護者からのメッセージ
その気持ちを忘れずに
何事にもチャレンジしてくださいね。

ねえ，見て。こんな風に親に書かれたら頑張らないわけにはいかないよね。

私も今，小学校の先生のコメント読んでいるんだよ。なんかやる気出るよね。(^_^)

　保護者や教師のコメントが，生徒の自己肯定感を醸成し，生活への意欲を促すことが分かる場面でした。何より，既に目の前には存在しない小学校の担任の指導は中学校でも生きていることが実感されました。

　それから1年後，令和4年3月16日の学級活動では，

　学年の修了まで1週間と迫る中，生徒たちは，担任の提示したスライドに見入ります。生徒の記録の変化から読み取った一人一人の成長の様子，アンケート結果から見取った集団としての改善や変容が示されていました。生徒は共感しながら互いを認め，賞賛し合います。年度途中に転出した生徒がビデオレターでコメントを寄せる場面では（「六輪」を確認して）何とも言えない温かな雰囲気になりました。その後，活動は2年生へ向けての目標づくりに移っていきました。

【棚倉中　令和4年3月16日学級活動】

生徒からは…

自分や友達の文字からの振り返りは，忘れかけていた大切なことを思い出させてくれました。先生が一人一人の頑張りにスポットを当ててくれたおかげで，全員が（で）成長してきたんだなと実感しました。

文部科学省
国立教育政策研究所
National Institute for Educational Policy Research

〈編集・発行〉生徒指導・進路指導研究センター　令和4年3月
TEL：03-6733-6882　FAX：03-6733-6967
URL：https://www.nier.go.jp/04_kenkyu_annai/div09-shido.html

キャリア・パスポートを「キャリア・カウンセリング」につなぐ

〜世田谷区・世田谷区立富士中学校・三宿中学校より〜

今回は
東京都世田谷区
の事例です！

文部科学省　国立教育政策研究所生徒指導・進路指導研究センター　初版発行 令和 4 年 5 月

世田谷区　既存の取組をひと工夫で"キャリア・未来デザイン教育"に

　キャリア・未来デザイン教育は，子どもたちが未来に向けて自分のよさや可能性を信じ，自らの思い描く未来を実現するために世田谷区が大切にする教育です。先生方の既存の枠を越えた創意工夫が実り，世田谷区のキャリア・未来デザイン教育がたくさん実現しています。キャリア・未来デザイン教育について紹介します。

世田谷区の キャリア・未来デザイン教育

「キャリア・未来デザイン教育」とは、子どもたちが社会や環境の変化などにも対応する力や、自分の生き方をイメージし、なりたい自分に近付く力を身につけるための教育です。国語や算数、英語のような教科とともに、子どもたちの生活の中で培っていきます。

キャリア教育で目指す４つの能力

社会的・職業的自立に向け必要な能力・態度

人間関係形成・社会形成能力	自己理解・自己管理能力	課題対応能力	キャリアプランニング能力
友達のよいところを見付ける力、お互いを大切にする力、コミュニケーション・スキル、チームワーク、リーダーシップ など	自分の役割の理解、自分の良さに気付く力、自己の動機付け、忍耐力、ストレスマネジメント、すすんで学ぼうとする力 など	情報の理解・選択・処理、さまざまな課題を発見したり、解決したりするための力や態度 など	学ぶこと・働くことの意義や役割の理解、多様性の理解、将来について考える力 など

子どもたちは次のような学びを行っています

例えば　教科の学習で

　働く人から仕事についてやりがいや苦労についての話を聞くことで、学ぶことや働くことの意義を理解します。また、自分の適性について考えることで、将来の自分の生き方について考えを深めます。

例えば　特別活動で

　子ども祭りに向けて、学級ごとに出店内容を考え、当日の役割分担を決め、自分の役割を理解します。また、出店準備で起こるトラブルを解決していくことで、さまざまな課題を解決するための力や態度が育ちます。

例えば　学校外の活動で

　サッカーのクラブチームで、チームメイトとサッカーの戦術について話し合うことで、コミュニケーション・スキルを育みます。また、チーム力をあげるために技術を教え合う中でリーダーシップを培うことにつながります。

キャリア・パスポートで

　子ども一人ひとりが、自らの学習状況やキャリア形成を見通したり、振り返ったりできるようにすることが重要です。例えば、日々の学習や学校行事などの活動を記録し蓄積できるキャリア・パスポートを活用することで、学習や活動を振り返り、新たな学習や生活への意欲につながり、将来の生き方を考えることができます。

※世田谷区教育委員会作成

では，"「キャリア・パスポート」の活用"×"既存の取組をひと工夫"の実践を二校の中学校から紹介します。

富士中学校 "つくる" を考える前に "つかう" を考えて

世田谷区立富士中学校では，「キャリア・パスポート」を三者面談で活用しています。これまでは教師が作成した資料を基に面談が進行されていましたが，それをやめて，生徒が記録・蓄積した「キャリア・パスポート」を活用して，キャリア・カウンセリング※を行うこととしました。令和3年度の校長先生，担任の先生方の声を紹介します。

校長先生

「キャリア・パスポート」を作ることばかりに注目するとどうしても負担感が…。むしろ，「キャリア・パスポート」があったらどう使うかを先に考えようと思いました。

真っ先に思い付いたのは三者面談での活用です。担任は，本人の記録を基に生徒のよさや可能性を誉（認）めるのです。

生徒の意欲を喚起し，保護者との信頼関係を築く，最高のツールではないかと思います。

思ったよりも好評でした。生徒にとっては，自分の書いた「キャリア・パスポート」で面談が進められる安心感があったのでしょう。保護者にとっては，生徒の文字や記述の内容から我が子の成長を実感したのだと思います。

担任の先生

保護者から「最近，家ではなかなか話してくれないので，学校で頑張っている姿を本人の記録から知ることができてうれしかった。」と感謝されました。

生徒からは「面談の後，親との会話が増えた。」との声もありました。これまでも同じような面談をしてきたつもりですが，（自分の）記録を基にした振り返りの大切さを改めて感じました。

三者面談を終えて，生徒のよさや可能性，やる気を引き出し，自己肯定感を高める評価とはこれ（キャリア・カウンセリング）なのではないかと思うようになりました。

そして，我が校では通知表の1・2学期の所見欄を廃止するきっかけになりました。

校長先生

※国立教育政策研究所「「語る」「語らせる」「語り合わせる」で変える！
キャリア教育−個々のキャリア発達を踏まえた"教師"の働きかけ−」についてはこちらの二次元コードから。
https://www.nier.go.jp/shido/centerhp/career_jittaityousa/career-report_pamphlet3.htm

「キャリア・パスポート」を活用して，面談でこれまでの生活を振り返った生徒は，こんな感想を述べています。

生徒

記録って大事ですね。いつもなら忘れていたはずのことが…。行事や定期考査のたびにコツコツと記入したことで，今，その当時の思いを具体的に振り返ることができてびっくりしました。

生徒

自分で書いていますから，"自分の変化"を実感できました。親からも「あなたの本音や普段の姿が分かって，うれしかった。」と言われました。(*^▽^*)

中には，「キャリア・パスポート」を活用した面談をこれからの見通しにつないだ生徒もいました。

生徒

これ（「キャリア・パスポート」）を続けていくことで，3年，5年，10年前の自分と再び出会えることができるんですね。
今から楽しみになってきました。(^_^)v

三宿中学校 "納得感"と"必要感"を大事に

　世田谷区立三宿中学校では，「キャリア・パスポート」の取組を"納得感"と"必要感"をキーワードに進めています。令和3年12月24日の終業式と学級活動の様子を紹介します。

　2学期末の終業式で校長先生は，3年生がこれから臨む面接試験について触れました。『面接試験に向けて不安な気持ちをもっている生徒がいるかと思います。大事なことは"納得感"です。質問の答えに"納得感"があれば，対話は流れるように進むはずです。しかし，答えに無理や不自然なことがあれば流れは止まります。正解や模範解答はないのです。それぞれの経験や思いからどんな高校生活を送りたいのか，どんな社会人になりたいのか，あなたらしい"納得感"あるストーリーが紹介できればよいのです。そんな"納得感"を生み出す上で「キャリア・パスポート」は大きな味方になるかもしれませんね。』その後，生徒は学級活動に移ります。

　学級活動では，これまで蓄積してきた「キャリア・パスポート」を返却しながら担任の先生が自己評価の"必要感"を次のように説きます。「5年後も必ず付き合っている人は誰ですか。」「そうです。必ずとなれば自分しかいないのです。」「是非，2学期の自分のがんばりを認めてあげましょう。」生徒は「キャリア・パスポート」に赤ペンで自分の成長を認めるコメントを書き込みます。

　その後，担任の先生は「自己評価と他者からの評価のどちらが大事か。」と投げかけます。もちろん，生徒からは「一生，付き合っていくのは自分しかいないから自己評価」「自分では認識できないことを指摘してくれるから他者からの評価」と双方の"必要感"が表明され，生徒は相互評価（キャリア・カウンセリング）の活動に移ります。

　三宿中学校は，「キャリア・パスポート」の教師コメントを充実させ，通信票の所見欄を廃止しました。

自分は2学期に何ができるようになったか。
自分にポジティブメッセージを送ろう！
モチベーションを見つけて勉強時間が増えたことで受験を前向きに考えられるようになった クラスのみんなにもポジティブをわけてえたい!!
学級委員の仕事では，相棒に頼ってしまうことも多かったが，自分にできることを懸命に考えてみて主体的な提案もできた
「クラスを明るくすること」と決め，それに向けてがん

文部科学省
国立教育政策研究所
National Institute for Educational Policy Research

〈編集・発行〉生徒指導・進路指導研究センター　令和4年5月
TEL：03-6733-6882　FAX：03-6733-6967
URL：https://www.nier.go.jp/04_kenkyu_annai/div09-shido.html

文部科学省　国立教育政策研究所生徒指導・進路指導研究センター　初版発行 令和4年9月

キャリア・パスポートを「自分のよさや可能性の認識」につなぐ

～浜田市立第一中学校，島根県立吉賀高等学校・浜田高等学校より～

今回は
島根県の事例です！

浜田市立第一中学校 "学校生活を意識した力" を重視

浜田一中で育てたい力【社会の中でよりよくいきていけるようにするために、「自ら考え、判断・決定し、自ら行動できる資質」すなわち「自立」する力を家庭・地域社会と共有・連携して育成する】		
自 主	**連 帯**	**創 造**
見通しをもって計画的に行動する	感情をコントロールする	様々な場面で言葉や技能を使いこなす
ルールを踏まえて建設的に行動する	他者の立場で物事を考える	信頼できる知識や情報を収集し、有効に活用する
意見の対立や理解の相違を解決する	目標を達成するために他者と協働する	

学校教育目標		知・徳・体の調和のとれた人間性豊かな生徒の育成 —自主・連帯・創造—
1年生が目指す姿(R4入学生)	自主	ルールを守り、けじめのある行動ができる生徒
	連帯	目標を達成するために、周りの人と協力することができる生徒

学校教育目標		知・徳・体の調和のとれた人間性豊かな生徒の育成 —自主・連帯・創造—
2年生が目指す姿(R3入学生)	自主	自分で考え、的確に判断して行動する生徒
	連帯	目標を達成するために他の人と協力して行動する生徒

学校教育目標		知・徳・体の調和のとれた人間性豊かな生徒の育成 —自主・連帯・創造—
3年生が目指す姿(R2入学生)	創造	知識や情報を取捨選択し、有効に活用する生徒
	自主	意見の対立や理解の相違を解決する生徒

【令和4年度浜田一中　各学年で育てたい力】

島根県浜田市立第一中学校(以下:浜田一中)の「キャリア・パスポート」は,年間の取組の中から,最終的には生徒個人が再編集・取捨選択して,年間5シートを,次の学年・進学先に持ち上げることになっています。生徒の多くは,担任教師や保護者のコメントを,大事に抱えて進級・進学していきます。

浜田一中では,学校全体で目指す基礎的・汎用的能力の下に,学年ごとの学校生活を意識した具体的な力(資質・能力)を設定して,キャリア教育に取り組んでいます。同じ校舎で学んでいても,学年によって生徒の実態は異なり,変容や成長のスピードも変わることから,学校生活を意識した具体的な力は絶えず見直しを図っています。

浜田一中では,「キャリア・パスポート」を通じて,生徒が自分のよさや可能性を認識できるように,年間2回,保護者の皆さんにコメントを記入していただくよう依頼文を発出しています。保護者に向けたその依頼文(令和4年4月18日発出)を抜粋して紹介します。

令和4年4月18日

保護者の皆さま

浜田市立第一中学校校長

キャリア・パスポートについて(お知らせとお願い)

陽春の候　保護者の皆様には、益々ご清祥のこととお喜び申し上げます。平素は本校教育活動にご理解とご協力をいただき、誠にありがとうございます。

さて、標記の件につきまして、下記のとおり今年度の取組を行いたいと考えています。先日の学活では個人の年間目標を設定しました。期末懇談や通信等をとおして学校での様子を発信していきますので、ご家庭でも話題に取り上げ、お子さんの成長を感じていただければと考えています。

年間の取組について(予定)

4月　年間目標設定(各学年の「目指す姿」を踏まえ、自分自身の具体的な目標を設定します。)

7月　1学期の振り返り(保護者コメント欄があります。記入して提出をお願いします。)

9月　体育祭の目標設定と振り返り

11月　合唱コンクールの目標設定と振り返り

12月　2学期の振り返り(保護者コメント欄があります。記入して提出をお願いします。)

3月　1年のまとめ ※これ以外にも各学年の取組に応じて目標設定や振り返りを行います。

キャリア・パスポートファイルに入れて、次の学年あるいは進学先等へつなぎます。

※浜田市立第一中学校作成

島根県立吉賀高等学校 "仕事につながるレベルを意識した力"を重視

　島根県立吉賀高等学校（以下：吉賀高）は，県外からの入学生を受け入れる"高校魅力化"に取り組んでいます。その教育課程の柱になっているのが，キャリア教育です。アントレプレナーシップなどの体験的，探究的な学びと「キャリア・パスポート」による見通し，振り返る活動が巧みに計画されています。令和4年4月28日の3年生のホームルーム活動の様子から「キャリア・パスポート」全体の取組を紹介します。

　あるグループでは…

生徒

> ねえ，見てよ，見てよ。
> 1年生のときの「キャリア・パスポート」と比べて，めっちゃ字がうまくなっていると思わない。

> 本当だ。大人の字になっているね。
> 文字もだけど，書いてある内容が具体的になり，説得力が増しているよ。

生徒

> リアクション，想像越えなんですけど～。
> 自信出るわ～。やる気でるわ～。まじ，ありがと。

　別のグループでは…

生徒

> ○○さんが描いた絵本，プロ級だったよ。「やりたいこと」「できること」「社会のニーズ」に一致していると思うんだ。

> え～。どうしてみんなそんなに優しいの。課題も指摘してよ。

生徒

> ぼくも，○○さんの絵本は，仕事につながるレベルだと思ったよ。
> 有名な絵本作家になったらサインちょうだいね。

> みんなのエール受け止めました。ありがとうございます。

生徒

　こんな支持的な話合い活動ができるのはなぜか。それは，吉賀高では「なぜ，キャリア教育をするのか」の理由が明確になっていたからです。たくさんの学びを通じて，「やりたいこと」「できること（力）」「社会の需要」の重なり合う部分を見付け，それが仕事につながるか，仕事になるレベルか，見極める力を付けることが，吉賀高のキャリア教育だと説明されていたのです。そして，「キャリア・パスポート」は，自分自身の「成長」を確認するツールだと紹介されているのです。

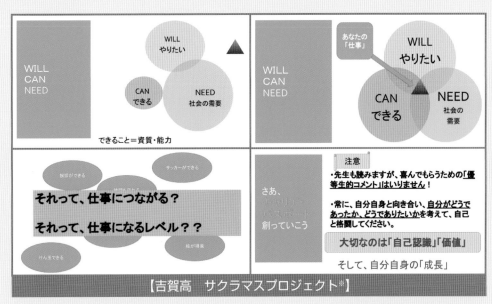

【吉賀高　サクラマスプロジェクト※】

※島根県立吉賀高等学校のキャリア教育の名称

島根県立浜田高等学校 "社会生活をより意識した力"を重視

島根県立浜田高等学校のキャリア教育は，社会生活や職業生活をより意識した力（資質・能力）【DAViNCh Gs（ダヴィンチ・ゴールズ）】の育成に向けて取り組まれています。令和4年7月6日のホームルーム活動では，1学期の活動を振り返って，次のような指導の工夫がありました。

【浜田高等学校　DAViNCh Gs】

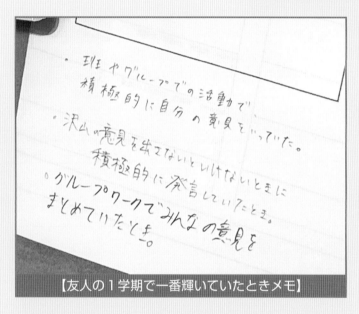

【友人の1学期で一番輝いていたときメモ】

1学期を振り返る個人活動の後に，本来であれば話合い活動による相互評価を計画していました。しかし，あいにく前日に島根県は新型コロナ感染者数が過去最高となり，話合い活動は控えることになりました。そこで，担任教師は個人のワークシートをグループ内で回覧し，「友人の1学期で一番輝いていたとき」をお互いにメモし，称え合う活動に変更しました。ホームルームは何とも言えない温かな雰囲気となりました。

ある担任は，次のようにまとめました。

「『自分や互いのよさや可能性を認め合えるクラスになろう』と，僕は入学式のときに言いましたが，それに一歩近づく1時間でしたね。
　振り返りは大事です。適切に振り返りができなければ，根拠を持った見通しは立てられません。
　君たちが地域や世界で活躍するカッコイイ大人になるためには，確かなリフレクションは欠かせないのです。そのための大事な時間でもあったのです。」

担任の先生

文部科学省
国立教育政策研究所
NIER　National Institute for Educational Policy Research

〈編集・発行〉生徒指導・進路指導研究センター　令和4年9月
TEL：03-6733-6882　FAX：03-6733-6967
URL：https://www.nier.go.jp/04_kenkyu_annai/div09-shido.html

キャリア教育に関する総合的研究
第二次報告書（抜粋版）
—「キャリア・パスポート」の有用性に焦点をあてて—

令和4年11月

文部科学省 国立教育政策研究所 生徒指導・進路指導研究センター

キャリア教育に関する総合的研究 第二次報告書（国立教育政策研究所生徒指導・進路指導研究センター）
（https://www.nier.go.jp/shido/centerhp/career_SogotekiKenkyu_2.html）をもとに作成

目　次

Ⅰ．本報告書の構成と内容

1．キャリア教育に関する総合的研究の概要

（1）研究の目的

　　本研究は，キャリア教育に関する実態を把握するとともに，それらに関する在校生の意識等も明らかにし，今後の各学校におけるキャリア教育の改善・充実を図るための基礎資料を得ることを目的として，7年に1度，実施しているものである。

　　前々回となる平成17年度には，中学校・高等学校を対象として実施したが，平成24年度に実施した前回は，児童生徒の社会的・職業的自立に向け，小学校段階から発達段階に応じたキャリア教育の推進・充実が強く求められている状況を踏まえ，新たに小学校も調査対象に加え，調査を実施した。

　　前回調査から7年が経過し，中央教育審議会答申においてもキャリア教育の重要性が繰り返し強調され，小学校，中学校及び高等学校の学習指導要領においては，特別活動を要に学校教育全体でキャリア教育の充実を図ることが明記された。こうした状況を踏まえ，各学校・地域の実態に応じた効果的なキャリア教育の推進・充実に資するため，令和元年度における，キャリア教育に関する実施状況と意識について総合的な調査，分析を行う。

（2）調査の実施時期

　　令和元年7月～10月

（3）調査の種類

　① 小学校，中学校，高等学校におけるキャリア教育に関する実施状況と意識調査（学校調査）
　② 学級・ホームルーム担任のキャリア教育に関する意識調査（学級・ホームルーム担任調査）
　③ 在校生の進路に関する意識調査（児童生徒調査）

（4）調査の方法等

　　各都道府県・政令指定都市ごとに対象とする学校数を決めたのち，各都道府県・政令指定都市が所管する公立小学校・中学校・高等学校の児童生徒数に基づく学校規模に比例するよう，国立教育政策研究所において，ランダムに抽出して調査を依頼した。なお，児童生徒調査については，上記で抽出した学校のうち，更に各都道府県・政令指定都市から2校ずつ，ランダムに抽出して調査を依頼した（高等学校については，所管する学校が少ない場合は学校数を1校とするなどの調整を行った（別紙一覧表参照）。）。

　① 学校調査
　・管理職に回答を依頼
　・調査票は小学校・中学校・高等学校ともに1部ずつ配布

② 学級・ホームルーム担任調査

・各学校の最高学年（小学校：第6学年，中学校・高等学校：第3学年）を調査対象学年とし，その学年の学級・ホームルーム担任全員に回答を依頼

・調査票は小学校には5部，中学校・高等学校には10部ずつ配布

③ 児童生徒調査

・各学校の最高学年（小学校：第6学年，中学校・高等学校：第3学年）を調査対象学年としその学年において児童生徒数が最も多い学級・ホームルームの児童生徒全員に回答を依頼

・調査票は小学校・中学校・高等学校ともに45部ずつ配布

（5）調査票の種類と配布数

	学校種類	対象学校数	調査票配布数
学校調査	小学校	1,000 校	1,000 枚
	中学校	500 校	500 枚
	高等学校	1,000 校	1,000 枚
学級・ホームルーム担任調査	小学校	1,000 校	5,000 枚
	中学校	500 校	5,000 枚
	高等学校	1,000 校	10,000 枚
児童生徒調査	小学校	134 校	6,030 枚
	中学校	134 校	6,030 枚
	高等学校	126 校	5,670 枚

（6）回答の状況

	学校種類	回答学校数	回答者数	回収率※
学校調査	小学校	795 校	-	79.5%
	中学校	397 校	-	79.4%
	高等学校	716 校	-	71.6%
学級・ホームルーム担任調査	小学校	800 校	1,562 人	98.3%
	中学校	400 校	1,379 人	97.2%
	高等学校	724 校	4,066 人	94.2%
児童生徒調査	小学校	110 校	2,908 人	98.2%
	中学校	118 校	3,426 人	93.7%
	高等学校	101 校	3,606 人	98.0%

※学校調査の回収率は，回答学校数を対象学校数で除して算出。学級・ホームルーム担任調査と児童生徒調査の回収率は，回答者数を回答頂いた学校に在籍する対象者数で除して算出している。

２．本報告書の内容と分析の方法

　本研究の「第一次報告書」（令和２年３月）においては，主として各調査票における個別の設問への回答に焦点を絞り，それぞれの結果を整理して具体的に示した。第二次報告書は，個々の設問への回答のみからでは把握し得ないキャリア教育の実態を浮き彫りにすることを目的として取りまとめたものである。

　この目的を達成するため，第二次報告書においては，まず，学校種ごとに（１）第一次報告書に基づく再分析，（２）クロス集計，（３）多変量解析を行い，これらの分析の結果を掲載している。その後，学校種ごとの調査結果の比較検討を通して，小学校・中学校・高等学校のキャリア教育実践の共通点・相違点を明らかにした上で，学校種を縦断的に捉えつつキャリア教育実践についての多変量解析を試み，それらの結果を整理して掲載した。

　第二次報告書では，今回の研究結果で明らかとなった児童生徒の意識の特徴や，今日のキャリア教育推進施策の中心的な課題に基づいて，次の３点のテーマを設定した。

A 【キャリア教育によるカリキュラム・マネジメントの効果】
　カリキュラム・マネジメント（具体的な目標設定，評価改善の円滑な取組，学校内外の体制確立等）の視点でキャリア教育に取り組む学校とそうではない学校とでは担任及び児童生徒の意識や実態がどのように異なるのか。

B 【職業に関する体験活動の重要性】
　職業に関する体験活動（職場見学，職場体験活動，就業体験活動（インターンシップ））において活動のねらいを明確にし，事前・事後指導を計画的に行い，児童生徒の変容を丁寧に見取っている学校と，そうではない学校とでは，児童生徒の意識にどんな違いが見られるのか。

C 【「キャリア・パスポート」の有用性】
　「身に付けさせたい力」を教師が意識している指導及び評価している場合とそうでない場合，「身に付けたい力」を児童生徒が意識して活動及び自己評価している場合，学習意欲や基礎的・汎用的能力どのような影響が見られるのか。

　なお，本抜粋版においては，本書の趣旨に鑑みて，【「キャリア・パスポート」の有用性】に関する学校種ごとの分析の結果のみを抜粋してとりまとめた。その際，本文に収録し得なかったクロス集計の結果，及び，多変量解析の詳細については巻末の「附表」に掲載している。

Ⅱ．「キャリア・パスポート」の有用性

１．小学校調査結果の分析

（１）小学校調査で用いた調査票

　小学校調査で用いた調査票は，①キャリア教育の実施状況と管理職の意識調査（学校調査），②学級担任の意識調査（学級担任調査），③児童の意識調査（児童調査）の三つである。

（２）「キャリア・パスポート」の有用性

○「キャリア・パスポート」の作成は，キャリア教育に期待される児童の学習意欲を高めることに影響していると考えられる。

・「キャリア・パスポート」の作成は，各学校のキャリア教育の取組を評価し，改善へ結びつける「検証・改善サイクル」の手がかりとなる。

・「キャリア・パスポート」の作成はキャリア教育に対する認識の共有や協力体制の構築など，職員間の連携を促進する。

・「キャリア・パスポート」の作成は，自己の生き方に関して気づきを促すなど担任によるキャリア・カウンセリングの一層の充実につながる。

・「キャリア・パスポート」の作成は，キャリア教育において期待される，児童の学習意欲を高めることに結び付く。

・「キャリア・パスポート」に対するフィードバックや振り返りの時間を設けることは，児童に対しては社会的・職業的自立に必要となる力に結び付き，保護者に対しては一層の理解や協力へとつながる。

・「キャリア・パスポート」に「自己の成長」などの記録内容を含めることで，その教育的効果は一層高まる。

・キャリア教育の一層の充実に寄与する「キャリア・パスポート」の教育的効果を共有し，作成する学校・担任の割合を高めていくことが必要である。

---

①「キャリア・パスポート」の作成が管理職の意識に与える影響

　「キャリア・パスポート」を作成している学校は 25.2％，作成していない学校は 74.8％であり[*1]，作成率の向上がまず課題として挙げられるところではあるが，各自治体の主導などもあり，本調査以降，作成する学校は増えてくると予想される。

　「キャリア・パスポート」を作成している学校と作成していない学校で，管理職から見たキャリア教育の現状に関する設問のうち，カリキュラム・マネジメントに関わる 8 項目の割合を比較したところ[*2]，6 項目で「キャリア・パスポート」を作成している学校の方が高い割合であった（図１）。「教員はキャリア教育に関して理解し，協力してい

る」は 22.1 ポイント，「キャリア教育を通じて育成したい力を教員間で共通理解している」は 21.9 ポイント，「キャリア教育を通じて育成したい力を貴校の特色や児童の実態に応じて明確化している」は 21.3 ポイント，「キャリア教育の取組に対して評価を行っている」は 16.1 ポイント，「キャリア教育の評価結果に基づいて取組の改善を行っている」は 14.0 ポイントの差が見られた。

　また，同じ設問のキャリア教育の成果に関わる4項目では3項目で差が見られ，「キャリア教育の実践によって，児童が将来や自らの生き方を考えるきっかけになり得ている」は 23.0 ポイント，「キャリア教育の実践によって，児童が社会的・職業的自立に向けて本校で育成したい力を身に付けてきている」は 8.5 ポイント，「キャリア教育の実践によって，学習全般に対する児童の意欲が向上してきている」は 8.1 ポイント高い（図2）。

　「キャリア・パスポート」の作成は，第一義的な目的である「児童の取組に関する記録の蓄積と評価」のみならず，各学校のキャリア教育が適切に実施されているか，改善点はどこにあるのかなど，「検証・改善サイクル」の手がかりとしても有効に機能していると思われる。さらに，基礎的・汎用的能力の育成をはじめとするキャリア教育の目標の確認や，職員間のキャリア教育に対する認識の共有，実施の際の協力体制の構築にもつながるなど，キャリア教育の推進に好ましい影響を与えていると推察される。また「キャリア・パスポート」を作成している学校では，「キャリア・パスポート」が将来や自らの生き方を考えるきっかけとなっており，キャリア教育に対する学習意欲の向上や学習の動機づけに結び付いていることが推測される。

【図1】「キャリア・パスポート」作成の有無別の，学校のカリキュラム・マネジメントの状況

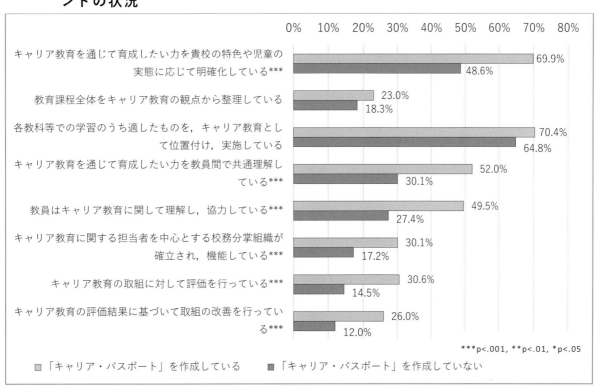

※ χ^2 検定の結果，6項目で有意差が見られた。「キャリア教育を通じて育成したい力を貴校の特色や児童の実態に応じて明確化している」（χ^2（1）＝26.667, p<.001），「キャリア教育を通じて育成したい力を教員間で共通理解している」（χ^2（1）＝30.526, p<.001），「教員はキャリア教育に関して理解し，協力している」（χ^2（1）＝32.393, p<.001），「キャリア教育に関する担当者を中心とする校務分掌組織が確立され，機能している」（χ^2（1）＝14.804, p<.001），「キャリア教育の取組に対して評価を行っている」（χ^2（1）＝25.207, p<.001），「キャリア教育の評価結果に基づいて取組の改善を行っている」（χ^2（1）＝21.767, p<.001）

【図2】「キャリア・パスポート」作成の有無別の，管理職からみたキャリア教育の成果

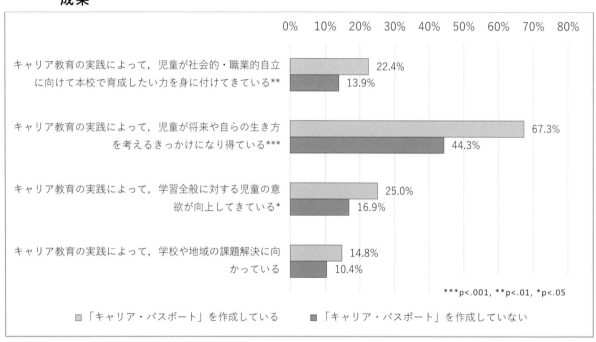

※ χ^2 検定の結果，3項目で有意差が見られた。「キャリア教育の実践によって，児童が社会的・職業的自立に向けて本校で育成したい力を身に付けてきている」（χ^2（1）＝7.835, p<.01），「キャリア教育の実践によって，児童が将来や自らの生き方を考えるきっかけになり得ている」（χ^2（1）＝31.176, p<.001），「キャリア教育の実践によって，学習全般に対する児童の意欲が向上してきている」（χ^2（1）＝6.240<.05）

②「キャリア・パスポート」の作成が担任の意識に与える影響

　「キャリア・パスポート」を作成している担任と作成していない担任における[3]，担任がキャリア・カウンセリングとしてどのような実践を行っているか尋ねた設問[4]の回答を比較したところ，3項目ついて「キャリア・パスポート」を作成している担任の方が，高い割合であった（図3）。「児童に対してこれまでの成長について振り返りをさせている」は10.5ポイント，「児童と将来の夢や目標について対話している」は9.6ポイント，「日常生活において，自己の生き方に関して児童に新たな気づきを促している」は9.3ポイントの差が見られた。

また「キャリア・パスポート」を作成している担任と作成していない担任における，担任から見た学級や学年の児童や保護者におけるキャリア教育の計画・実施の現状について比較したところ[*5]，こちらも「キャリア・パスポート」を作成している担任の方が，高い割合であった（図4）。「児童はキャリア教育に関する学習や活動を通して，学習全般に対する意欲が向上してきている」は 11.2 ポイント，「児童はキャリア教育に関する学習や活動に積極的に取り組んでいる」は 10.7 ポイント，「児童はキャリア教育に関する学習や活動を通して，社会的・職業的自立に向けて本校で育成したい力を身に付けてきている」は 7.3 ポイントの差が見られた。

【図3】「キャリア・パスポート」作成の有無別の，担任がキャリア・カウンセリングとして行っている実践

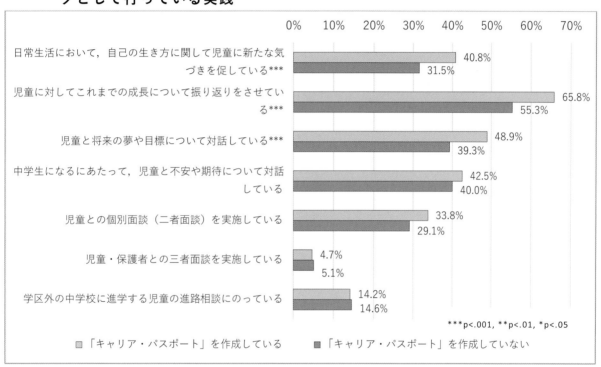

※ χ^2 検定の結果，3項目で有意差が見られた。「日常生活において，自己の生き方に関して児童に新たな気づきを促している」（χ^2 (1) ＝ 12.705, p<.001），「児童に対してこれまでの成長について振り返りをさせている」（χ^2 (1) ＝ 15.096, p<.001），「児童と将来の夢や目標について対話している」（χ^2 (1) ＝ 12.405, p<.001）

【図４】「キャリア・パスポート」作成の有無別の，担任からみた学級や学年の児童や保護者におけるキャリア教育の計画・実施に関する現状

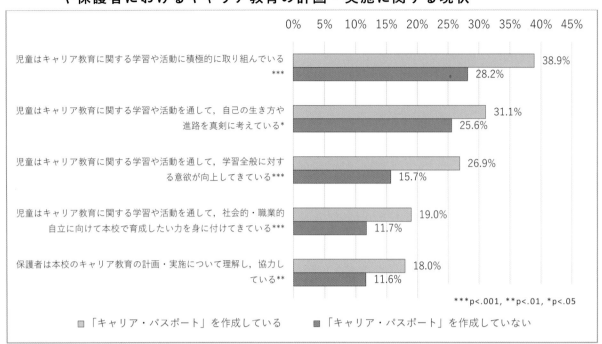

※ χ^2 検定の結果，5 項目全てで有意差が見られた。「児童はキャリア教育に関する学習や活動に積極的に取り組んでいる」（χ^2（1）= 17.740, p<.001），「児童はキャリア教育に関する学習や活動を通して，自己の生き方や進路を真剣に考えている」（χ^2（1）= 4.971, p<.05），「児童はキャリア教育に関する学習や活動を通して，学習全般に対する意欲が向上してきている」（χ^2（1）= 26.800, p<.001），「児童はキャリア教育に関する学習や活動を通して，社会的・職業的自立に向けて本校で育成したい力を身に付けてきている」（χ^2（1）= 14.812, p<.001），「保護者は本校のキャリア教育の計画・実施について理解し，協力している」（χ^2（1）= 11.543, p<.01）

　すべての児童を対象とした相談活動であるキャリア・カウンセリングについて，特に小学校においては実施率を高めるとともに，自立的に生きていけるよう支援していくことが課題として挙げられている。そのような中において，「キャリア・パスポート」を作成している担任の方が，これまでの成長を振り返らせたり，将来の夢や目標について取り上げたり，自己の生き方に関して気づきを促したりするなど，キャリア・カウンセリングの内容が，より充実していることが明らかになった。

　さらに，キャリア教育の計画や実施に関わる項目では，「キャリア・パスポート」を作成している学校の方が，キャリア教育に関する学習や活動に積極的であったり，その活動を通して，基礎的・汎用的能力などの学校が育成したい力を身に付けたりしているなど，望ましい姿が見られている。特筆すべきこととして，学習に対する意欲が高まっていることがあげられる。キャリア教育においては，学校での学習の意義を自分の将来との関係において見いだし，学習に対する意欲を高めていくことが期待されており，今回の結果はその成果の一端を示したものと言えるであろう。

③「キャリア・パスポート」のフィードバックが担任の意識に与える影響

　「キャリア・パスポート」の活用方法を尋ねた設問に着目し[3]，「キャリア・パスポート」を作成している担任のうち，記録に対する教員からのフィードバックを実施している場合と，そうでない場合における，担任から見た学級や学年の児童や保護者におけるキャリア教育の計画・実施に関する現状を比較した[5]。その結果，2項目について教員からのフィードバックを実施している場合の方が，高い割合であった（図5）。「児童はキャリア教育に関する学習や活動に積極的に取り組んでいる」では14.3ポイント，「保護者は本校のキャリア教育の計画・実施について理解し，協力している」では11.0ポイントの差が見られた。

　また，「キャリア・パスポート」を作成している担任のうち，キャリア・パスポートへの記載内容に関して児童同士による共有・フィードバックを実施している場合と，そうでない場合における，担任から見た学級や学年の児童や保護者におけるキャリア教育の計画・実施の現状を比較したところ，児童同士によるフィードバックを実施している場合の方が，高い割合であった（図6）。「児童はキャリア教育に関する学習や活動を通して，自己の生き方や進路を真剣に考えている」は21.2ポイント，「児童はキャリア教育に関する学習や活動を通して，学習全般に対する意欲が向上してきている」は15.5ポイント，「保護者は本校のキャリア教育の計画・実施について理解し，協力している」は12.1ポイント，「児童はキャリア教育に関する学習や活動を通して，社会的・職業的自立に向けて本校で育成したい力を身に付けてきている」は10.9ポイントの差が見られた。さらに，「キャリア・パスポート」を作成している担任のうち，学期末・年度末などに記録を振り返らせる時間を設けている場合と，そうでない場合における，学級や学年の児童や保護者におけるキャリア教育の計画・実施の現状を比較したところ，記録を振り返らせる時間を設けている場合の方が，高い割合であった（図7）。「児童はキャリア教育に関する学習や活動に積極的に取り組んでいる」は11.3ポイント，「児童はキャリア教育に関する学習や活動を通して，自己の生き方や進路を真剣に考えている」は10.8ポイントの差が見られた。

【図5】「キャリア・パスポート」記録に対する教員のフィードバックの有無別の，
担任からみた学級や学年の児童や保護者におけるキャリア教育の計画・実施
に関する現状

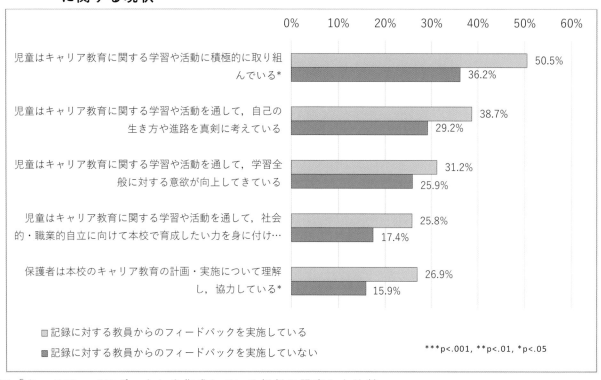

※「キャリア・パスポート」を作成している担任に限定した比較

※ χ^2 検定の結果，2項目で有意差が見られた。「児童はキャリア教育に関する学習や活動に積極的に取
り組んでいる」（χ^2（1）＝6.535, p<.05），「保護者は本校のキャリア教育の計画・実施について理解
し，協力している」（χ^2（1）＝6.135, p<.05）

【図6】「キャリア・パスポート」記録に対する児童同士による共有・フィードバックの有無別の，担任からみた学級や学年の児童や保護者におけるキャリア教育の計画・実施に関する現状

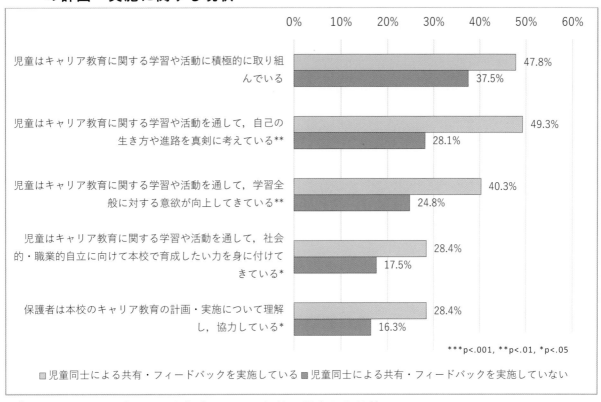

※「キャリア・パスポート」を作成している担任に限定した比較

※ χ^2 検定の結果，4 項目で有意差が見られた。「児童はキャリア教育に関する学習や活動を通して，自己の生き方や進路を真剣に考えている」（χ^2（1）＝12.032, p<.01），「児童はキャリア教育に関する学習や活動を通して，学習全般に対する意欲が向上してきている」（χ^2（1）＝7.083, p<.01），「児童はキャリア教育に関する学習や活動を通して，社会的・職業的自立に向けて本校で育成したい力を身に付けてきている」（χ^2（1）＝4.373, p<.05），「保護者は本校のキャリア教育の計画・実施について理解し，協力している」（χ^2（1）＝5.638, p<.05）

【図7】学期末・年度末などに記録を振り返る時間の有無別の，担任からみた学級や学年の児童や保護者におけるキャリア教育の計画・実施に関する現状

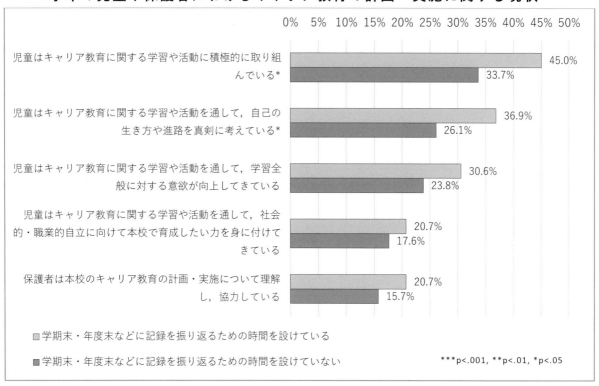

※「キャリア・パスポート」を作成している担任に限定した比較

※ χ^2 検定の結果，2項目で有意差が見られた。「児童はキャリア教育に関する学習や活動に積極的に取り組んでいる」（$\chi^2(1)=6.476, p<.05$），「児童はキャリア教育に関する学習や活動を通して，自己の生き方や進路を真剣に考えている」（$\chi^2(1)=6.636, p<.05$）

　「キャリア・パスポート」の記録への教員のフィードバックは，児童のキャリア教育に対する取組の姿勢に良い影響を与え，それを見た，又は知った保護者に対しては一層の理解や協力に結び付くことが明らかになった。また，「キャリア・パスポート」の記録への児童同士の共有やフィードバックは，自己の生き方や今後の進路について真剣に考えることや，社会的・職業的自立に必要となる力を身に付けることに結び付くことも明らかになった。さらに，学習意欲の向上に関しては，「キャリア・パスポート」を作成している担任の方が強く認識していることを前述したが，その「キャリア・パスポート」の記載内容に関して児童間で共有させたり，フィードバックをさせたりすることが，更なる学習意欲の向上に結び付いている。

　記録の振り返りの時間を設けることにより，児童のキャリア教育の取組に対する姿勢が積極的になることや，自己の生き方や進路を真剣に考えるようになる，との結果からも，「キャリア・パスポート」の作成だけでなく，その活用方法によって，教育的効果は一層高まると言える。

④管理職の意識と「キャリア・パスポート」の記載内容の関係

　「キャリア・パスポート」の内容を尋ねた設問[6]に注目して，管理職から見たキャリア教育の現状に関する設問のうち，カリキュラム・マネジメントに関わる8項目の割合[2]がどのように異なるか分析した。「キャリア・パスポート」を作成している学校のうち，「キャリア・パスポート」に「自己の成長（がんばったこと）」を記載している，又は綴（と）じこんでいる場合と，そうでない場合を比較したところ，記載している，又は綴じこんでいる場合の方が，2項目について高い割合になった（図8）。「キャリア教育の取組に対して評価を行っている」は20.6ポイント，「キャリア教育を通じて育成したい力を貴校の特色や児童の実態に応じて明確化している」は20.0ポイントの差が見られた。

　「キャリア・パスポート」の作成により，検証・改善サイクルの手がかりとなることや，キャリア教育の推進に好ましい影響を与えること，児童の学習意欲を高めたり，学校が育成したい力を身に付けさせたりすることにつながるなど，望ましい姿が見られることは前述したが，「自己の成長（がんばったこと）」を記載している，又は綴じこんでいる場合については，キャリア教育の評価が充実すること，更にキャリア教育の目標の明確化にもつながる傾向が見られた。「キャリア・パスポート」に記載させる内容を工夫することで，「キャリア・パスポート」を用いることによる教育的効果は一層高まると言える。

【図8】「キャリア・パスポート」に「自己の成長（がんばったこと）」の記載や綴じこみの有無別の，学校のカリキュラム・マネジメントの状況

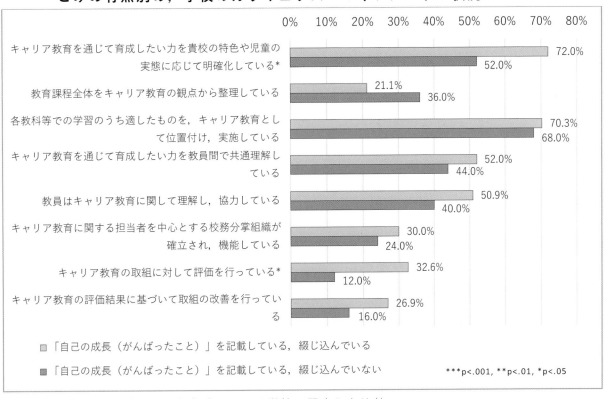

※「キャリア・パスポート」を作成している学校に限定した比較

※ χ^2 検定の結果，2項目で有意差が見られた。「キャリア教育を通じて育成したい力を貴校の特色や児童の実態に応じて明確化している」（ χ^2 （1） = 4.128, p<.05），「キャリア教育の取組に対して評価を行っている」（ χ^2 （1） = 4.408, p<.05）

⑤ 今後の方向性

　「キャリア・パスポート」の作成により，各学校のキャリア教育の取組や，児童に与える良い影響が確認された。具体的には，各学校においてはキャリア教育の取組に対し「検証・改善サイクル」の手がかりとなることやキャリア教育の実施における職員間の連携の推進につながること，担任個人においてはキャリア・カウンセリングの一層の充実につながること，児童においてはキャリア教育において期待される基礎的・汎用的能力の育成とともに，学習意欲が高まることに結び付くことなどである。

　さらに，「キャリア・パスポート」の活用方法について，フィードバックや振り返りの時間を設けることは，児童に対しては社会的・職業的自立に必要となる力に結び付き，保護者に対しては一層の理解や協力へとつながること，「キャリア・パスポート」に「自己の成長」などの記録内容を含めることで，その教育的効果を更に高めることも期待できる。

　「キャリア・パスポート」は単なる形式ではなく，既に実質的な機能を果たしている。冒頭にも記載したが，現状「キャリア・パスポート」の抱える一番の課題は，作成していない学校が7割を超えるところにある。分析結果から明らかになった効果について特に作成していない学校に対して情報提供や情報の共有を図り，各自治体や学校において「キャリア・パスポート」の作成を働きかけていくことが重要であろう。

参考：第一次報告書における参照データ

＊1	P78	小学校・学校調査	問15
＊2	P76	小学校・学校調査	問13
＊3	P90	小学校・学級担任調査	問10
＊4	P91	小学校・学級担任調査	問11
＊5	P87	小学校・学級担任調査	問7
＊6	P79	小学校・学校調査	問15（2）

２．中学校調査結果の分析

（１）中学校調査で用いた調査票

　中学校調査で用いた調査票は，①キャリア教育の実施状況と管理職の意識調査（学校調査），②学級担任の意識調査（学級担任調査），③生徒の意識調査（生徒調査）の三つである。

（２）「キャリア・パスポート」の有用性

○「キャリア・パスポート」を作成している学校の学級担任は生徒のキャリア発達
　を意識した指導に取り組んでいる。

・管理職と学級担任は「キャリア・パスポート」に対する重要性を認識している。
・「キャリア・パスポート」の作成や活用に関する改善の必要性を管理職は感じているが，校内研修の実施率及び学級担任の校内外への研修参加率はいずれも１割未満である。
・「キャリア・パスポート」を作成している学校は半数未満であり，今後の作成・活用が望まれる。
・生徒は自身の適性理解や進路選択の考え方や方法の理解を希求していることから，「キャリア・パスポート」を活用しながら教員が対話的に関わることが可能である。
・「キャリア・パスポート」を作成している学校の学級担任は，生徒のキャリア発達を意識した指導に取り組んでいる。
・「教科における学習の記録・振り返り」を記載している場合，生徒の学習意欲の向上やキャリア教育に関する学習や活動への積極的な取組姿勢を学級担任が実感している。
・「キャリア・パスポート」の重要性を認識している担任の学級生徒は，自身の「基礎的・汎用的能力」を高く自己評価しており，今後の「キャリア・パスポート」の適切な活用が求められる。

①研修機会の充実について

　キャリア教育を適切に行っていく上での改善点を尋ねた学校調査で「『キャリア・パスポート』を活用すること」は上位（21.2％）に挙がっており，管理職は「キャリア・パスポート」を活用することの意義や目的及び有用性について一定の認識を有しているものと推察できる[*1]（図１）。また，キャリア教育を適切に行っていく上で今後重要だと思っていることを尋ねた学級担任への設問では，「『キャリア・パスポート』を活用すること」について「とても重要だと思う」及び「ある程度重要だと思う」の合計が67.9％となっており，約７割の学級担任においても重要性を認識している状況が見られる[*2]。

　しかし，その一方で，校内研修で実施した内容として「『キャリア・パスポート』に関する研修」が6.9％[*3]，校外での研修等への教職員に派遣状況については「『キャリア・

パスポート』に関する研修」が 4.1%[*4] となっている。さらに，校内研修で参加した内容については「『キャリア・パスポート』に関する研修」が 2.6%[*5]，校外研修等については「『キャリア・パスポート』に関する研修」が 2.5%[*6] となっており，キャリア・パスポートに関する校内研修の実施状況及び校外研修への教職員の参加状況は，ともに低い割合となっている。

このように，「キャリア・パスポート」の活用に関する改善の必要性や重要性は認識されているものの，研修の実施及び参加は進んでいないことが指摘できる。

【図１】キャリア教育を適切に行っていくうえで，改善しなければならないこと（学校調査）

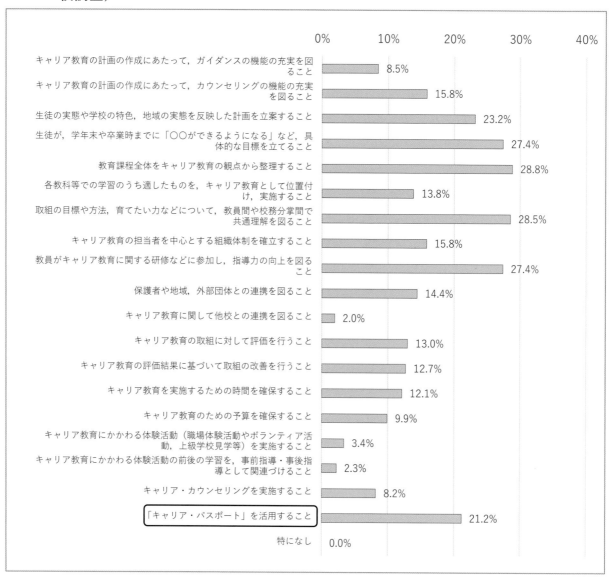

また，図２に示したとおり，キャリア教育の全体計画に記されていることを尋ねた学校調査では，「キャリア教育の学校全体（教科横断，学年縦断）での具体的な取組」が

63.3%[*7]と高い割合を示していた。

「キャリア・パスポート」に期待される役割として，中央教育審議会答申「幼稚園，小学校，中学校，高等学校及び特別支援学校の学習指導要領の改善及び必要な方策等について」（平成28年）で「特別活動を中心としつつ各教科等と往還しながら，主体的な学びに向かう力を育て，自己のキャリア形成に生かすために活用できるものとなることが期待される。」と述べられている。こうした点に鑑みると，「キャリア・パスポート」の適切な活用を通じて，生徒自身による学びのプロセスの振り返りや教科や学年を横断する学びの統合を促すことが望まれる。

そこで今後は「キャリア・パスポート」の作成のみならず，効果的な活用に関する研修機会の拡充が求められる。また，作成・活用の意義や目的の周知にくわえ，先進的な実践事例を参考しながら自校での実践方法を検討することも重要であろう。こうした研修機会の充実により，「キャリア・パスポート」が有効に活用され，キャリア教育の全体計画に位置付けられている教科横断・学年縦断の取組がより一層進むことが期待される。

【図2】全体計画に示されている内容（学校調査）

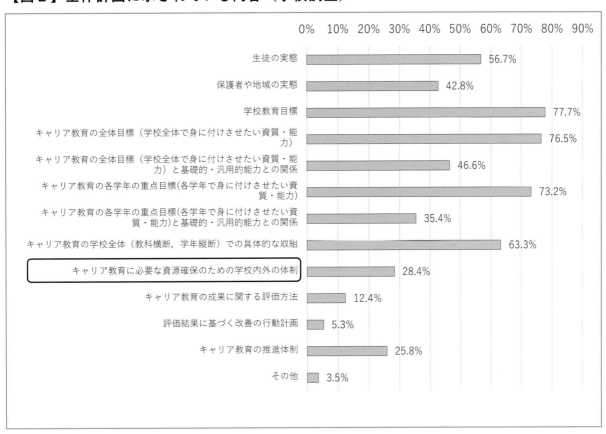

②「キャリア・パスポート」の活用における生徒との対話的関わりの重要性

学級担任への「キャリア・パスポート」の活用に関する設問では，「キャリア・パスポ

ート」を活用している 58.3％のうち，「記録に対する教員からのフィードバックを実施している」の割合が 5.4％と低い[*8]（図３）。このように，現状では「キャリア・パスポート」の対話的な活用が進んでいない実態が見られる。

　しかし，『中学校学習指導要領』（平成 29 年告示）の前文では，「（前略）生徒が学ぶことの意義を実感できる環境を整え，一人一人の資質・能力を伸ばせるようにしていくことは，教職員をはじめとする学校関係者はもとより，家庭や地域の人々も含め，様々な立場から生徒や学校に関わる全ての大人に期待される役割」と示されているように，生徒の資質・能力を育成していくためには，教職員のみならず，様々な立場の大人による生徒との関わりが求められている。

【図３】「キャリア・パスポート」の活用について（担任調査）

項目	割合
学期末・年度末などに記録を振り返るための時間を設けている	10.6%
生徒同士による共有・フィードバックを実施している	4.4%
記録に対する教員からのフィードバックを実施している	5.4%
キャリア教育のアウトカム評価（多面的評価の資料の1つ）として活用している	3.2%
生徒の進路（進学）支援の資料として活用している	10.3%
教員が生徒を理解するための資料として活用している	12.4%
該当するものがない	12.0%
「キャリア・パスポート」を作成していない	63.6%

　この点に関連して，図４に示したとおり，自分の将来の生き方や進路について考えるために指導してほしかったことを尋ねた生徒調査では，「自分の個性や適性（向き・不向き）を考える学習」が 37.6％で最上位となっており，次いで「卒業後の進路（進学や就職）選択の考え方や方法」が 26.0％となっている[*9]。

　こうした生徒側の希求に応えるためには生徒の適切な自己理解を促す必要があり，「キャリア・パスポート」はその際の有用なツールとなり得る。「キャリア・パスポート」の活用については，中央教育審議会答申「幼稚園，小学校，中学校，高等学校及び特別支援学校の学習指導要領の改善及び必要な方策等について」（平成28年）で「（前略）教員が対話的に関わることで，自己評価に関する学習活動を深めていくことが重要」と指摘されていることから，学級活動を中心としながら各教科等との間を往還しつつ，自らの学習状況や自身の変容や成長の様子等に関する記録に対する教員からのフィードバックを行うなどの対話的な活用が重要であろう。

　生徒にとっての身近で重要な他者である教員や保護者等との対話的な関わりの効果に

ついては，大人が成長を認めることで生徒の自己肯定感が高まること，「自分の良さ」について客観的な後ろ盾となること，そして将来の進路を考える後押しになること等が期待される。

　今回の調査結果によれば，教員によるフィードバックの不足のみならず，その他の活用についても低調な実態が見られた。生徒の自己理解や変容の自覚を促すような場面や時間を創出するなど，今後は生徒の自己評価と教員の生徒理解の相互作用を意識しながら多様な観点での活用が必要であろう。上記で指摘した研修機会の拡充と合わせて，学びのプロセスを振り返り，将来につなぐ「キャリア・パスポート」の活用の更なる工夫が求められる。

【図４】将来の生き方や進路について考えるために指導してほしかった内容（生徒調査）

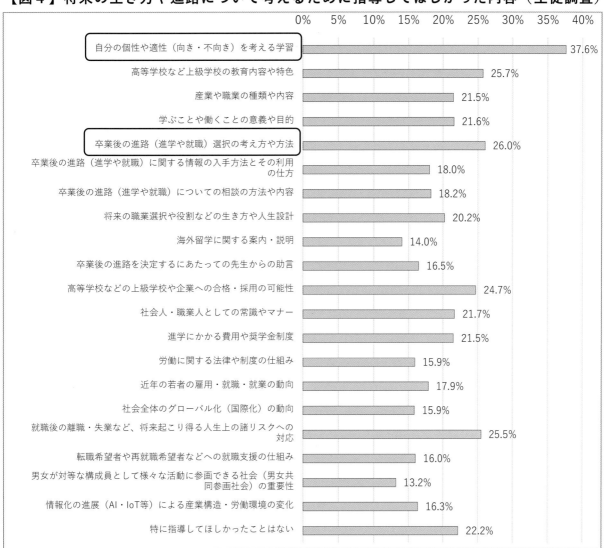

③「キャリア・パスポート」を作成している学校の学級担任は，生徒のキャリア発達を促すことを意識して指導を行っている（担任調査より）

令和元年度の「キャリア・パスポート」の様式・内容について尋ねた学校調査で，「『キャリア・パスポート』を作成していない」と回答した学校は55.8％であり，半数以上の中学校で作成されていなかった。

ここでは，「キャリア・パスポート」を作成している学校の学級担任とそうでない学級担任の比較を通して，キャリア発達を意識した指導内容や程度に違いが見られるかについて検討した。

図5は，「キャリア・パスポート」を作成している学校に勤務する学級担任と作成していない学校の学級担任について，担任している学級や所属している学年の指導内容について比較を行った結果である。

【図5】「キャリア・パスポート」の作成有無別に見た学級担任の指導内容（学校調査・学級担任調査）

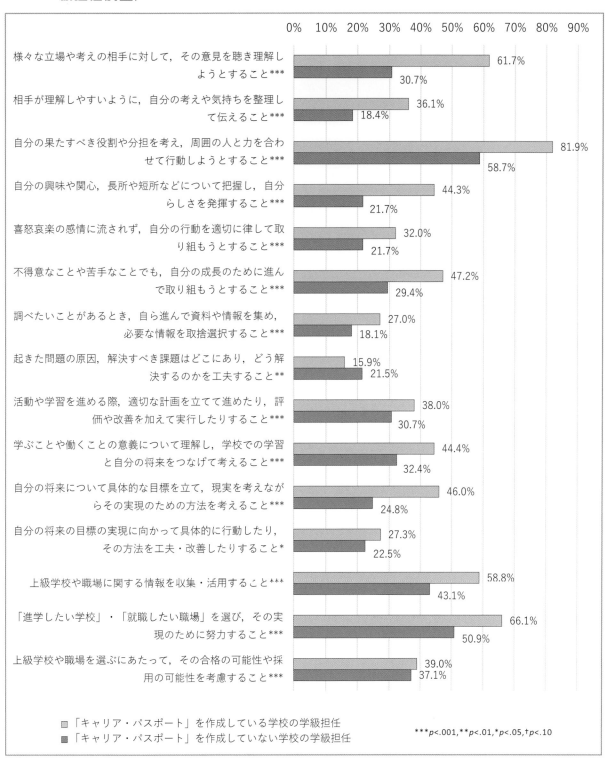

- ■「キャリア・パスポート」を作成している学校の学級担任
- ■「キャリア・パスポート」を作成していない学校の学級担任

$***p<.001,**p<.01,*p<.05,†p<.10$

※ここでは、「よく指導している」と回答した割合を取り上げて比較した。

※ χ^2 検定の結果、有意差が見られた項目は、「様々な立場や考えの相手に対して、その意見を聴き理解しようとすること」（ $\chi^2(2)=208.601,p<.001$ ）、「相手が理解しやすいように、自分の考えや気持ちを整理して伝えること」（ $\chi^2(2)=87.780,p<.001$ ）、「自分の果たすべき役割や分担を考え、周囲の人と力を合わせて行動しようとすること」（ $\chi^2(2)=129.350,p<.001$ ）、「自分の興味や関心、長所や短所などについて把握し、自

分らしさを発揮すること」（$\chi^2(2)=129.181,p<.001$），「喜怒哀楽の感情に流されず，自分の行動を適切に律して取り組もうとすること」（$\chi^2(2)=33.792,p<.001$），「不得意なことや苦手なことでも，自分の成長のために進んで取り組もうとすること」（$\chi^2(2)=77.557,p<.001$），「調べたいことがあるとき，自ら進んで資料や情報を集め，必要な情報を取捨選択すること」（$\chi^2(2)=27.876,p<.001$），「起きた問題の原因，解決すべき課題はどこにあり，どう解決するのかを工夫すること」（$\chi^2(2)=10.830,p<.01$），「活動や学習を進める際，適切な計画を立てて進めたり，評価や改善を加えて実行したりすること」（$\chi^2(2)=38.674,p<.001$），「学ぶことや働くことの意義について理解し，学校での学習と自分の将来をつなげて考えること」（$\chi^2(2)=46.880,p<.001$），「自分の将来について具体的な目標を立て，現実を考えながらその実現のための方法を考えること」（$\chi^2(2)=122.243,p<.001$），「自分の将来の目標の実現に向かって具体的に行動したり，その方法を工夫・改善したりすること」（$\chi^2(2)=7.188,p<.05$），「上級学校や職場に関する情報を収集・活用すること」（$\chi^2(2)=72.813,p<.001$），「『進学したい学校』・『就職したい職場』を選び，その実現のために努力すること」（$\chi^2(2)=51.220,p.<.001$），「上級学校や職場を選ぶにあたって，その合格の可能性や採用の可能性を考慮すること」（$\chi^2(2)=62.903,p<.001$）であった。

　結果を見ると，15項目中全てにおいて「キャリア・パスポート」を作成している学校の学級担任の方がキャリア発達を意識した指導の程度の割合が高く，統計的にも有意な差が見られた。

　とりわけ大きな差が見られた項目は，「様々な立場や考えの相手に対して，その意見を聴き理解しようとすること」（31.0ポイント差），「自分の果たすべき役割や分担を考え，周囲の人と力を合わせて行動しようとすること」（23.2ポイント差），「自分の興味や関心，長所や短所などについて把握し，自分らしさを発揮すること」（22.6ポイント差），「自分の将来について具体的な目標を立て，現実を考えながらその実現のための方法を考えること」（21.2ポイント差），「不得意なことや苦手なことでも，自分の成長のために進んで取り組もうとすること」（17.8ポイント差），であった。

　また，進学や就職に関する項目としては，「上級学校や職場に関する情報を収集・活用すること」（15.7ポイント差）に大きな差が見られた。

　「キャリア・パスポート」を作成している学校の学級担任はキャリア発達を促すことを意識した指導を学級で実践しているという今回の調査結果から，約半数以上の学校で未作成となっている現状の改善が必要である。

④「キャリア・パスポート」に「教科における学習の記録・振り返り」を記載している学校の学級担任は，生徒の成長等を感じている（学校調査，担任調査より）

　「キャリア・パスポート」に記載している事柄やとじ込んでいることの内容について尋ねた学校調査において，「教科における学習の記録・振り返り」と回答した学校は僅か11.9%であり，「自己の成長（がんばったこと）」（35.9%），「事業所における体験活動（職場体験

活動等）の記録・振り返り」（34.1%）と比べると，学習に関する内容は記載されていない実態が明らかとなった。

　ここでは，「キャリア・パスポート」の中に「教科における学習の記録・振り返り」を記載している約1割の学校に勤める学級担任が，自分の担任している学級の生徒や保護者に対するキャリア教育の現状をどのように見ているのかについて検討した。

　図6は，「教科における学習の記録・振り返り」を記載している学校の学級担任と記載していない学校の学級担任を比較する形で，担任している生徒や保護者に対するキャリア教育についての現状認識をグラフ化したものである。

　結果を見ると，教科学習について記載している場合は，キャリア教育の計画・実施に関する学級の生徒や保護者の現状を肯定的に捉えていることが分かる。

　顕著な差異が見られた項目としては，「生徒はキャリア教育に関する学習や活動に積極的に取り組んでいる」（28.1ポイント差），「保護者は本校のキャリア教育の計画・実施について理解し，協力している」（26.7%），「生徒はキャリア教育に関する学習や活動を通して，社会的・職業的自立に向けて本校で育成したい力を身に付けてきている」（16.3%），「生徒はキャリア教育に関する学習や活動を通して，学習全般に関する意欲が向上してきている」（13.3%）であった。

　以上の結果から，生徒が学校生活のあらゆる場面で学んだこと，とりわけ教科において学んだ事柄について，成績評定の記載のみならず自己のキャリア形成と結び付けて自ら記録・蓄積しながら，学級担任との相互的な関わりを通して適宜振り返りを行うことで，生徒自身の成長や変容を促進することが示唆される。

【図６】「キャリア・パスポート」の記載内容別に見た学級担任の現状認識（学校調査・担任調査より）

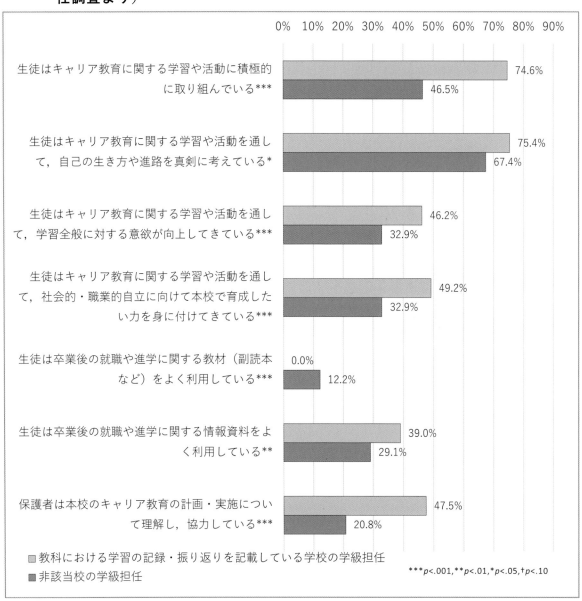

- 生徒はキャリア教育に関する学習や活動に積極的に取り組んでいる*** — 74.6% / 46.5%
- 生徒はキャリア教育に関する学習や活動を通して，自己の生き方や進路を真剣に考えている* — 75.4% / 67.4%
- 生徒はキャリア教育に関する学習や活動を通して，学習全般に対する意欲が向上してきている*** — 46.2% / 32.9%
- 生徒はキャリア教育に関する学習や活動を通して，社会的・職業的自立に向けて本校で育成したい力を身に付けてきている*** — 49.2% / 32.9%
- 生徒は卒業後の就職や進学に関する教材（副読本など）をよく利用している*** — 0.0% / 12.2%
- 生徒は卒業後の就職や進学に関する情報資料をよく利用している** — 39.0% / 29.1%
- 保護者は本校のキャリア教育の計画・実施について理解し，協力している*** — 47.5% / 20.8%

■ 教科における学習の記録・振り返りを記載している学校の学級担任
■ 非該当校の学級担任

***$p<.001$, **$p<.01$, *$p<.05$, †$p<.10$

※ χ^2 検定の結果，有意差が見られた項目は，「生徒はキャリア教育に関する学習や活動に積極的に取り組んでいる」（$\chi^2(1)=66.021,p<.001$），「生徒はキャリア教育に関する学習や活動を通して，自己の生き方や進路を真剣に考えている」（$\chi^2(1)=6.149a,p<.05$），「生徒はキャリア教育に関する学習や活動を通して，学習全般に対する意欲が向上してきている」（$\chi^2(1)=24.156,p<.001$），「生徒はキャリア教育に関する学習や活動を通して，社会的・職業的自立に向けて本校で育成したい力を身に付けてきている」（$\chi^2(1)=61.832,p<.001$），「生徒は卒業後の就職や進学に関する教材（副読本など）をよく利用している」（$\chi^2(1)=32.220,p<.001$），「生徒は卒業後の就職や進学に関する情報資料をよく利用している」（$\chi^2(1)=9.728,p<.01$），「保護者は本校のキャリア教育の計画・実施について理解し，協力している」（$\chi^2(1)=81.437,p<.001$），「上記に特にあてはまるものはない」（$\chi^2(1)=11.306,p<.001$）であった。

⑤学級担任が「キャリア・パスポート」を重要だと思っている場合は，学級の生徒が「基礎的・汎用的能力」を高く自己評価している（担任調査・担任調査より）

令和元年度調査における「キャリア・パスポート」の作成有無に関する回答を見ると，半数以上が作成していない（学校調査：問 15 （ 1 ），学級担任調査：問 10）。

しかし，「キャリア・パスポート」は，生徒が自らの学習状況を振り返りながらキャリア形成の見通しを立てるための有用な教材であり，今後の活用及び適切な使用が望まれる。

今回の調査において，担任する学級でキャリア教育を適切に行っていく上で今後どのようなことが重要であるかを尋ねた学級担任調査で，「『キャリア・パスポート』を活用すること」と回答した学級担任は 67.9％であった（「とても重要だと思う」と「ある程度重要だと思う」の合計）[10]。この結果は，担任の認識する重要性について尋ねた 9 項目の中で，最も低い割合であった。

そこで，「キャリア・パスポート」の重要性を認識している担任とそうでない担任の学級の生徒間に，キャリア発達にかかわる意識や行動の差異が見られるのかについて比較した。なお，分析する際には，「とても重要だと思う」又は「ある程度重要だと思う」と回答した学級担任と「あまり重要だと思わない」又は「まったく重要だと思わない」と回答した学級担任との間で比較を行った。

図 7 は，「キャリア・パスポート」の重要性を認識している学級担任の学級の生徒とそうでない学級の生徒について，日常生活の様子や行動（「基礎的・汎用的能力」）に関する自己評価を比較した結果である。結果を見ると，12 項目中 10 項目において，重要性を認識している担任の学級生徒の方が，自身の日常生活や行動について肯定的に評価していた。

大きな差とは言えないものの，相対的に差が見られた主な項目としては，「不得意なことをしなければいけない時でも，進んで取り組んでいる」（3.6 ポイント差），「将来の目標を実現できるように，工夫・改善しながら具体的に行動している」（2.4 ポイント差），「今学校で学んでいることと将来とのつながりを考えている」（2.0 ポイント差）であった。

今後は「キャリア・パスポート」の作成・活用が期待されているが，自らの学習状況やキャリア形成に関する自己評価活動に資する有用なツールとなるためにも，教員がその重要性を認めて生徒と対話的に関わりながら活用することが重要である。

【図7】「キャリア・パスポート」に対する重要度の認識別に見た生徒の日常生活の様子（「基礎的・汎用的能力」）の自己評価（担任調査・生徒調査）

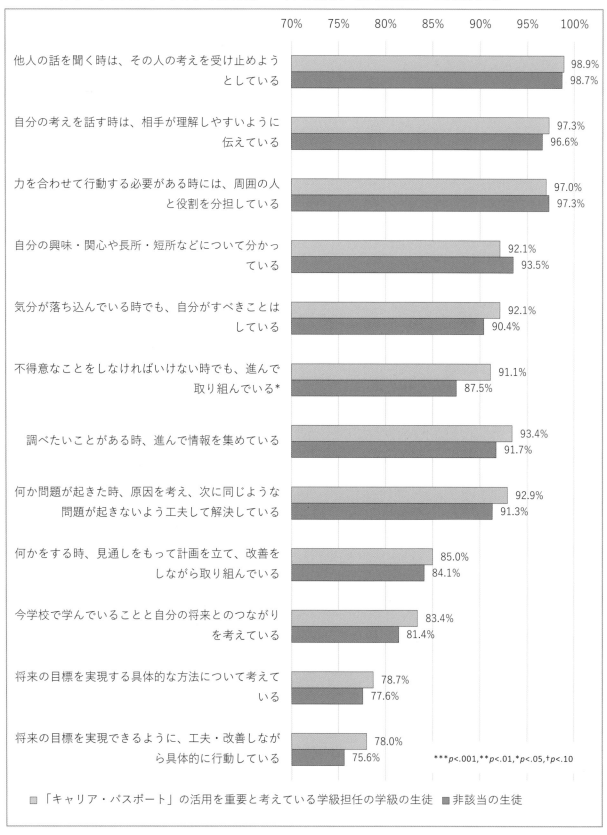

※ここでは，「いつもそうしている」と「時々そうしている」と回答した合計の割合を比較した。

※χ²検定の結果，有意差が見られた項目は，「不得意なことをしなければいけない時でも，進んで取り組ん

でいる」（$\chi^2(2)=6.353,p<.05$）であった。

⑥今後の方向性

　令和元年度の段階で，半数以上の中学校が「キャリア・パスポート」の作成をしていない。それに伴い，わずか1割程度しか活用計画を立てておらず[*11]，事後指導での活用も1割程度の学校にとどまっている[*12]。こうした現状については，学校調査で改善の優先項目に挙げられており，「キャリア・パスポート」の作成，計画，実践の必要性が管理職レベルで認識されていることが明らかになった。

　ここでは今後の方向性として2点を挙げたい。

　一つ目は，研修機会の創出・提供である。学級担任調査においては重要性の認識率は約7割であり，他の実践項目との相対比較では低いものの，「キャリア・パスポート」の活用は担任レベルでも重視されつつある。また，「キャリア・パスポート」の重要性を認識している担任の学級に所属する生徒は，自身の「基礎的・汎用的能力」を高く自己評価している傾向が見られたことから，キャリア発達を促進する上での有用性が広く認知されることが望まれる。しかし，こうした重要性の認識の次の段階である適切な活用のための研修会に参加している割合は，校内外ともに2％程度と低調である[*13]。これは，「キャリア・パスポート」に関する研修機会が少ないことも起因していると推測されるため，今後は参加機会の創出や提供が各学校や設置者において重要となるであろう。その際はより参加しやすい環境を整えることも必要である。

　二つ目は，適切な記載内容や様式及び活用法を検討する必要性である。今回調査の結果によれば，現時点における記載は1割程度であるものの，「教科における学習の記録・振り返り」をとじ込んでいる場合は，学習意欲の向上や育成したい力を身に付けてきていることを学級担任が実感しており，かつ，保護者の理解と協力を得ていると感じていた。この結果は，「キャリア・パスポート」に記載した学習の記録を自らのキャリアと関連付けながら振り返ることで，各教科の中にある自分のキャリア形成にとっての価値や意義を自ら見いだす可能性を示唆していると考えられるだろう。キャリア教育で育成を目指す力を意識した多面的な記録が必要であるが，自校のキャリア教育目標や実践に照らしながら「キャリア・パスポート」で記載する内容の検討が重要となる。また，教員のフィードバックによる対話的な活用も生徒の自己評価や将来展望の深化を促進すると考えられるゆえ，活用法に関する検討も今後は必要である。

参考：第一次報告書における参照データ

＊1	P126 中学校・学校調査	問 14
＊2	P144 中学校・学級担任調査	問 13
＊3	P113 中学校・学校調査	問 7
＊4	P114 中学校・学校調査	問 8
＊5	P132 中学校・学級担任調査	問 2（2）
＊6	P133 中学校・学級担任調査	問 2（3）
＊7	P106 中学校・学校調査	問 4（1）B
＊8	P141 中学校・学級担任調査	問 10
＊9	P165 中学校・生徒調査	問 14
＊10	P144 中学校・学級担任調査	問 13
＊11	P109 中学校・学校調査	問 4（3）
＊12	P124 中学校・学校調査	問 12（1）
＊13	P132・133 中学校・学級担任調査 問 2（2）（3）	

３．高等学校調査結果の分析

（１）　高等学校調査で用いた調査票

　高等学校調査で用いた調査票は，①キャリア教育の実施状況と管理職の意識調査（学校調査），②ホームルーム担任の意識調査（ホームルーム担任調査），③在校生の意識調査（生徒調査）の三つである。

（２）「キャリア・パスポート」の有用性

〇ホームルーム担任が「キャリア・パスポート」を「生徒の進路支援の資料として活用している」ことが，生徒の「人間関係形成・社会形成能力」「課題対応能力」学びのレリバンス意識に影響していることが考えられる。
・生徒は自分の個性や適性を考える学習の指導を希望している。
・「キャリア・パスポート」を実施していない学校は学校調査で約半数，担任調査で約 2/3 である。
・全体計画で「「キャリア・パスポート」等の活用」を重視する学校でも，全般的にみれば担任の指導にはまだ影響していない。
・全体計画で「キャリア・パスポート」等に基づく指導を重視する学校では，担任の「キャリア・パスポート」の作成・活用は進んでいる。
・担任が「キャリア・パスポート」を「生徒の進路支援の資料として活用している」クラスでは，生徒の「人間関係形成・社会形成能力」「課題対応能力」は高く，学びに対して前向きであり，学びのレリバンス意識も高い。

１）第一次報告書に基づく再分析

①見通し・振り返る活動のツールとしての「キャリア・パスポート」

　『高等学校学習指導要領(平成 30 年告示)』では見通し振り返る活動を重視しており，「学校，家庭及び地域における学習や生活の見通しを立て，学んだことを振り返りながら，新たな学習や生活への意欲につなげたり，将来の生き方を考えたりする活動をすること」と明記されている。その具体的なツールとして学習指導要領特別活動編では「児童生徒が見通しを立てたり学習したことを振り返ったりする活動を，計画的に取り入れるよう工夫すること」と明示している。その例として，「キャリア・パスポート（仮称）などを活用して，子どもたちが自己評価を行うことを位置付けることなどが考えられる」と提案されている。

②「キャリア・パスポート」実施の現状

　「キャリア・パスポート」については「作成していない」が学校調査で 48.0％，担

任調査で 66.8％という現状である[*1][*2]。また，学校調査においてキャリア教育を適切に行っていくこととして優先順位が高いものを三つ選ぶ質問で「キャリア・パスポート」は 18 項目中 10 番目であり，まだまだ優先順位が高くない現状がある[*3]。

「キャリア・パスポート」に記載していることは多い順に「学校行事の記録・振り返り」，「自己の成長（がんばったこと）」「教科における学習の記録・振り返り」「今後の課題（これからがんばりたいこと）」「事業所等における体験活動の記録・振り返り」となっており，大きな行事のときや，学年末など節目での活用が想定されていることが分かる（図 1）[*4]。

【図1】「キャリア・パスポート」に記載していること，とじ込んでいることの内容についてあてはまるもの（学校調査・回答が 10%以上のもの）

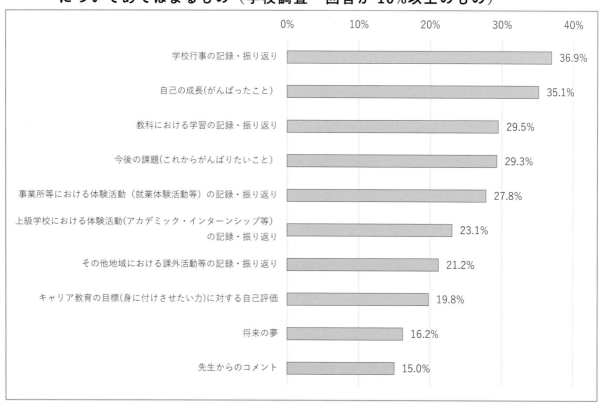

一方で，事業所や上級学校での体験活動にかかわる事後指導において，その内容として「キャリア・パスポート等を活用して当該体験活動の経験を卒業後の進路につなげる指導」の実施率は 17.2％しかなく，キャリア教育の取組をつなぐツールとしての「キャリア・パスポート」の活用は進んでいない現状がある[*5]。さらに，担任調査によると「学期末・年度末などに記録を振り返るための時間を設けている」は 8.3％，「記録に対する教員からのフィードバックを実施している」は 3.1％と，「キャリア・パスポート」を活用して見通し振り返る活動を促進する指導は十分ではない現状がある（図2）[*6]。

【図2】「キャリア・パスポート」をどのように活用していますか。あてはまるものをすべて選んでください。（担任調査・問11）

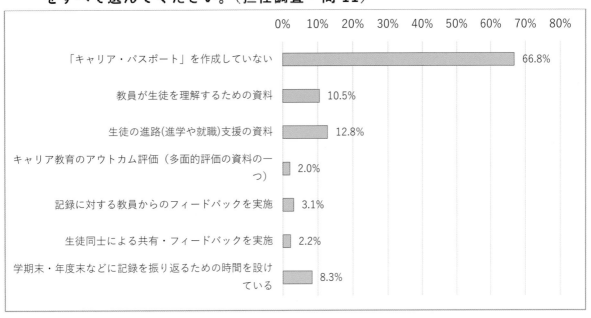

③今後の方向性

　生徒調査において「指導してほしかったこと」として最も多かったのは「自分の個性や適性（向き・不向き）を考える学習」であった[7]。自分の個性や適性を考える際に重要なのは振り返りである。何かに取り組んだ後に，自分で取組を振り返り，その記録を残し蓄積していく。節目のときにその蓄積を振り返れば，自分の個性や適性に気づくということは少なくない。また記録を蓄積する際，他者からのフィードバックがあると，自己理解はより深まる。

【図3】自分の将来の生き方や進路について考えるため，指導してほしかったこと（生徒調査・上位7項目）

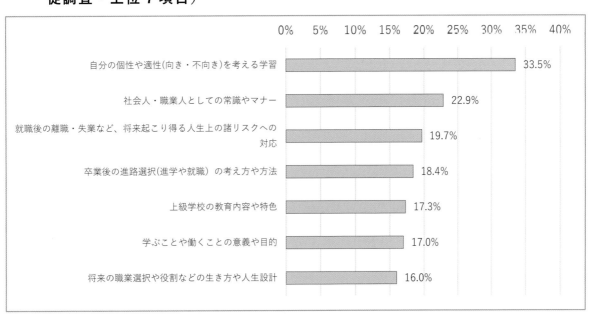

学習指導要領にも「キャリア・パスポート」の活用に当たっては「教員が対話的に関わることで，自己評価に関する学習活動を深めていく」と明記されている。「キャリア・パスポート」を活用して，児童生徒が定期的に自己評価し，それに対して教員が対話的に関わるということが実現したときに，児童生徒は，新たな学習や生活への意欲をより高め，将来の生き方をより考えるようになるだろう。このように生徒が自己理解を深める際に適しているツールが「キャリア・パスポート」である。

また，学習指導要領総則「第4 児童（生徒）の発達の支援」では「主に集団の場面で必要な指導や援助を行うガイダンスと，（略），一人一人が抱える課題に個別に対応した指導を行うカウンセリングの双方により，児童（生徒）の発達を支援すること」とキャリア発達を支援するキャリア・カウンセリングの重要性も指摘しているが，生徒のこれまでの蓄積が記された「キャリア・パスポート」はキャリア・カウンセリングの際に有効なツールとして活用することができる。更に「キャリア・パスポート」が校種を超えて活用されることで，一人の生徒の成長を学校種を超えて連続的に把握することも可能になる。

「キャリア・パスポート」の活用はこれから本格的に開始する。今後「キャリア・パスポート」の実施による教育的効果なども今まで以上に明らかになっていくものと思われる。各自治体や学校において「キャリア・パスポート」の作成と活用を働きかけていくことが重要である。

2）複数調査に基づくクロス分析

「キャリア・パスポート」という用語が公文書に登場してからまだ数年しか経（た）っておらず，本調査を実施した時点では，本節の1）の②でも言及しているように，その作成や活用が十分になされているとは言えない状況にある。

そこで以下では全体計画に着目して，「『キャリア・パスポート』等に基づく指導を全体計画にしっかりと位置づけている学校とそうではない学校とでは，担任の指導にどのような違いがあるのか」について見ていくとともに，担任の「キャリア・パスポート等の活用」状況と，生徒のキャリア意識や学びに対する姿勢の関連についても目を向けてみたい。

①全体計画で「「キャリア・パスポート」等の活用」を重視する学校と，担任の指導

担任調査にて「あなたのホームルームあるいは学年でキャリア教育を行ううえで，どの程度指導しているか（問9）」を尋ね，各項目の指導状況の回答割合を，学校調査で尋ねた「キャリア教育の全体計画を立てるうえで，重視した事柄（問7の17）」のうち，「『キャリア・パスポート』等に基づき生徒理解を深めることや生徒に正しい自己理解を得させること」について示したものが表1である。重視した学校とそうで

ない学校を比較するために，「よく指導している」については両者の回答割合の差も示している。

【表1】全体計画を立てる上で「キャリア・パスポート」等に基づく指導を重視した学校の担任の指導状況（学校調査，担任調査）

	よく指導している	ある程度指導している	あまり指導していない	まったく指導していない
様々な立場や考えの相手に対して，その意見を聴き理解しようとすること	36.2%(+0.3)	58.0%	5.4%	0.4%
相手が理解しやすいように，自分の考えや気持ちを整理して伝えること	29.0%(-0.5)	61.4%	8.6%	1.1%
自分の果たすべき役割や分担を考え，周囲の人と力を合わせて行動しようとすること	41.1%(+2.7)	54.0%	4.3%	0.6%
自分の興味や関心，長所や短所などについて把握し，自分らしさを発揮すること	26.3%(-2.5)	62.1%	11.3%	0.2%
喜怒哀楽の感情に流されず，自分の行動を適切に律して取り組もうとすること	25.1%(-2.9)	63.0%	11.6%	0.4%
不得意なことや苦手なことでも，自分の成長のために進んで取り組もうとすること	29.0%(-2.1)	62.6%	8.2%	0.2%
調べたいことがあるとき，自ら進んで資料や情報を集め，必要な情報を取捨選択すること	31.2%(-0.4)	53.8%	14.4%	0.6%
起きた問題の原因，解決すべき課題はどこにあり，どう解決するのかを工夫すること	16.7%(-3.0)	60.1%	22.3%	0.9%
活動や学習を進める際，適切な計画を立てて進めたり，評価や改善を加えて実行したりすること	18.7%(-3.6)	58.9%	21.5%	0.9%
学ぶことや働くことの意義について理解し，学校での学習と自分の将来をつなげて考えること	29.0%(-1.1)	57.3%	13.3%	0.4%
自分の将来について具体的な目標を立て，現実を考えながらその実現のための方法を考えること	27.5%(-3.6)	62.4%	8.8%	1.3%
自分の将来の目標の実現に向かって具体的に行動したり，その方法を工夫・改善したりすること	26.6%(-3.5)	60.0%	12.8%	0.6%
上級学校や職場に関する情報を収集・活用すること	39.2%(-2.9)	51.8%	7.7%	1.3%
「進学したい学校」・「就職したい職場」を選び，その実現のために努力すること	47.6%(-3.7)	47.4%	4.3%	0.6%
上級学校や職場を選ぶにあたって，その合格の可能性や採用の可能性を考慮すること	31.9%(-6.0)	56.5%	10.5%	1.1%

※（　　）内の数値は，「重視した学校の回答割合－そうでない学校の回答割合」を示したものである。
※指導状況について χ^2 検定を行った結果，有意差が見られた項目はなかった。

　全体計画で「キャリア・パスポート」等に基づく指導を重視した学校の担任は，全般的に「よく指導している」あるいは「ある程度指導している」の回答割合が高く，多くの指導内容で8割を超えている。

　しかし，重視した学校の担任の方がそうでない学校の担任より「よく指導している」と回答した割合が低い指導内容も少なからず見られることから，「キャリア・パスポート」等に基づく指導を全体計画で重視することは，全般的に見て担任の指導に影響しているとは言い難い。

②全体計画で「キャリア・パスポート」等に基づく指導を重視する学校と，担任の「キャリア・パスポート」の作成・活用

　そもそも全体計画で「キャリア・パスポート」等に基づく指導を重視した学校では，担任の「キャリア・パスポート」の作成・活用はどのような状況なのだろうか。
　担任調査にて「あなたは，「キャリア・パスポート」をどのように活用していますか」（問11）を尋ね，各項目に「あてはまる」と回答した割合を，学校調査で尋ねた「キャリア教育の全体計画を立てるうえで，重視した事柄」のうち，「『キャリア・パスポート』等に基づき生徒理解を深めることや生徒に正しい自己理解を得させること」（問7の17）との関連で示したものが図4である。

**【図４】全体計画での「「キャリア・パスポート」等に基づく指導」の重視と担任の
「キャリア・パスポート」の作成・活用（学校調査，担任調査）※複数回答可**

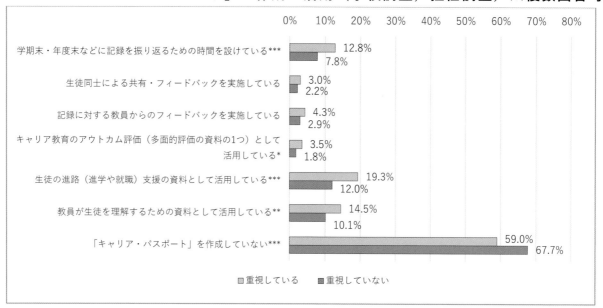

※担任調査の回答結果と全体計画の重視の有無について χ^2 検定を行った結果，有意差が見られたの
は，「学期末・年度末などに記録を振り返るための時間を設けている」（$\chi^2(1)=13.342,,p<.001$），
「キャリア教育のアウトカム評価（多面的評価の資料の 1 つ）として活用している」（χ^2
$(1)=6.211,p<.05$），「生徒の進路（進学や就職）支援の資料として活用している」（χ^2
$(1)=19.438,p<.001$），「教員が生徒を理解するための資料として活用している」（χ^2
$(1)=8.221,p<.01$），「「キャリア・パスポート」を作成していない」（$\chi^2(1)=14.001,p<.001$）であ
った。

　全体計画で「『キャリア・パスポート』等に基づく指導」を重視した学校の担任で
は「『キャリア・パスポート』を作成していない」の回答割合が59.0％にとどまって
おり，重視していない学校の担任より8.7ポイントも低い。このことから，「『キャ
リア・パスポート』等に基づく指導」を全体計画で重視した学校では，担任による「キ
ャリア・パスポート」の作成が進んでいることが明確に分かる。

　さらに，重視した学校では，担任の「キャリア・パスポート」の活用も全般的に進
んでいる。中でも「生徒の進路（進学や就職）支援の資料として活用している」（7.3
ポイント差），「学期末・年度末などに記録を振り返るための時間を設けている」（5.0
ポイント差），「教員が生徒を理解するための資料として活用している」（4.4ポイント
差）では大きな差が見られる。

③担任の「キャリア・パスポート等の活用」と，生徒のキャリア意識や学びに対
する姿勢

　では担任の「キャリア・パスポート」の作成・活用と生徒のキャリア意識や学びに
対する姿勢には，どのような関連が見られるのだろうか。以下にて，担任による「キ

ャリア・パスポート」の活用がもっとも進んでいる（図4参照）「生徒の進路（進学や就職）支援の資料として活用している」（問11の5）に焦点をあてて見ていく。

担任が生徒の進路支援の資料としてキャリア・パスポートを活用しているクラスの生徒のキャリア意識（生徒調査問10）について，「いつもそうしている」と明確な回答をした割合を示したものが図5である。

【図5】担任が「キャリア・パスポート」を「生徒の進路支援の資料として活用している」クラスの生徒のキャリア意識（担任調査，生徒調査）

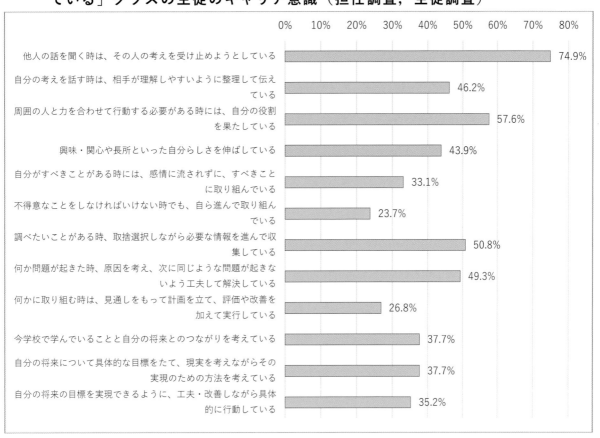

※回答は，「いつもそうしている」「時々そうしている」「していない」から1つを選択する形式であった。

「他人の話を聞く時は，その人の考えを受け止めようとしている」（74.9%），「周囲の人と力を合わせて行動する必要がある時には，自分の役割を果たしている」（57.6%）など，基礎的・汎用的能力を構成する「人間関係形成・社会関係形成能力」の高さが目立つほか，「調べたいことがある時，取捨選択しながら必要な情報を進んで収集している」（50.8%），「何か問題が起きた時，原因を考え，次に同じような問題が起きないよう工夫して解決している」（49.3%）といった「課題対応能力」に関する回答も半数程度見られた。

同様に，生徒の学びに対する姿勢（生徒調査問15）について，「あてはまる」と明確な回答をした割合を示したものが図6である。

【図6】担任が「キャリア・パスポート」を「生徒の進路支援の資料として活用している」クラスの生徒の学びに対する姿勢（担任調査，生徒調査）

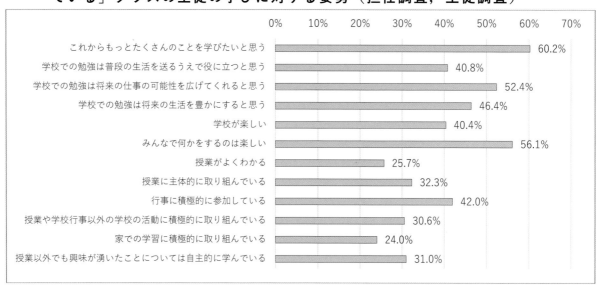

※回答は，「あてはまる」「どちらかと言えば，あてはまる」「どちらかと言えば，あてはまらない」「あてはまらない」から1つを選択する形式であった。

「これからもっとたくさんのことを学びたいと思う」（60.2%），「みんなで何かをするのは楽しい」（56.1%）だけでなく，「学校での勉強は将来の仕事の可能性を広げてくれると思う」（52.4%）も半数以上の回答が見られるなど，学びに対する姿勢が前向きであり，学びのレリバンス意識も高いことがうかがえる。

参考：第一次報告書における参照データ

＊1	P199	高等学校・学校調査 問17
＊2	P216	高等学校・ホームルーム担任調査 問11
＊3	P197，P198	高等学校・学校調査 問16
＊4	P200	高等学校・学校調査 問17（2）
＊5	P195	高等学校・学校調査 問14（2）
＊6	P216	高等学校・ホームルーム担任調査 問11
＊7	P246	高等学校・生徒調査 問16

Ⅲ．巻末資料

【附表 1】「キャリア・パスポート」作成の有無別の，学校のカリキュラム・マネジメントの状況(小学校（2）図1)

	「キャリア・パスポート」を作成している	「キャリア・パスポート」を作成していない
キャリア教育を通じて育成したい力を貴校の特色や児童の実態に応じて明確化している***	69.9%	48.6%
教育課程全体をキャリア教育の観点から整理している	23.0%	18.3%
各教科等での学習のうち適したものを，キャリア教育として位置付け，実施している	70.4%	64.8%
キャリア教育を通じて育成したい力を教員間で共通理解している***	52.0%	30.1%
教員はキャリア教育に関して理解し，協力している***	49.5%	27.4%
キャリア教育に関する担当者を中心とする校務分掌組織が確立され，機能している***	30.1%	17.2%
キャリア教育の取組に対して評価を行っている***	30.6%	14.5%
キャリア教育の評価結果に基づいて取組の改善を行っている***	26.0%	12.0%

【附表 2】「キャリア・パスポート」作成の有無別の，管理職からみたキャリア教育の成果(小学校（2）図2)

	「キャリア・パスポート」を作成している	「キャリア・パスポート」を作成していない
キャリア教育の実践によって，児童が社会的・職業的自立に向けて本校で育成したい力を身に付けてきている**	22.4%	13.9%
キャリア教育の実践によって，児童が将来や自らの生き方を考えるきっかけになり得ている***	67.3%	44.3%
キャリア教育の実践によって，学習全般に対する児童の意欲が向上してきている*	25.0%	16.9%
キャリア教育の実践によって，学校や地域の課題解決に向かっている	14.8%	10.4%

【附表 3】「キャリア・パスポート」作成の有無別の，担任がキャリア・カウンセリングとして行っている実践(小学校（2）図3）

	「キャリア・パスポート」を作成している	「キャリア・パスポート」を作成していない
日常生活において，自己の生き方に関して児童に新たな気づきを促している***	40.8%	31.5%
児童に対してこれまでの成長について振り返りをさせている***	65.8%	55.3%
児童と将来の夢や目標について対話している***	48.9%	39.3%
中学生になるにあたって，児童と不安や期待について対話している	42.5%	40.0%
児童との個別面談（二者面談）を実施している	33.8%	29.1%
児童・保護者との三者面談を実施している	4.7%	5.1%
学区外の中学校に進学する児童の進路相談にのっている	14.2%	14.6%

【附表 4】「キャリア・パスポート」作成の有無別の，担任からみた学級や学年の児童や保護者におけるキャリア教育の計画・実施に関する現状（小学校（2）図 4）

	「キャリア・パスポート」を作成している	「キャリア・パスポート」を作成していない
児童はキャリア教育に関する学習や活動に積極的に取り組んでいる***	38.9%	28.2%
児童はキャリア教育に関する学習や活動を通して，自己の生き方や進路を真剣に考えている*	31.1%	25.6%
児童はキャリア教育に関する学習や活動を通して，学習全般に対する意欲が向上してきている***	26.9%	15.7%
児童はキャリア教育に関する学習や活動を通して，社会的・職業的自立に向けて本校で育成したい力を身に付けてきている***	19.0%	11.7%
保護者は本校のキャリア教育の計画・実施について理解し，協力している**	18.0%	11.6%

【附表5】「キャリア・パスポート」記録に対する教員のフィードバックの有無別の，担任からみた学級や学年の児童や保護者におけるキャリア教育の計画・実施に関する現状（小学校（2）図5）

	記録に対する教員からのフィードバックを実施している	記録に対する教員からのフィードバックを実施していない
児童はキャリア教育に関する学習や活動に積極的に取り組んでいる*	50.5%	36.2%
児童はキャリア教育に関する学習や活動を通して，自己の生き方や進路を真剣に考えている	38.7%	29.2%
児童はキャリア教育に関する学習や活動を通して，学習全般に対する意欲が向上してきている	31.2%	25.9%
児童はキャリア教育に関する学習や活動を通して，社会的・職業的自立に向けて本校で育成したい力を身に付けてきている	25.8%	17.4%
保護者は本校のキャリア教育の計画・実施について理解し，協力している*	26.9%	15.9%

【附表6】「キャリア・パスポート」記録に対する児童同士による共有・フィードバックの有無別の，担任からみた学級や学年の児童や保護者におけるキャリア教育の計画・実施に関する現状（小学校（2）図6）

	児童同士による共有・フィードバックを実施している	児童同士による共有・フィードバックを実施していない
児童はキャリア教育に関する学習や活動に積極的に取り組んでいる	47.8%	37.5%
児童はキャリア教育に関する学習や活動を通して，自己の生き方や進路を真剣に考えている**	49.3%	28.1%
児童はキャリア教育に関する学習や活動を通して，学習全般に対する意欲が向上してきている**	40.3%	24.8%
児童はキャリア教育に関する学習や活動を通して，社会的・職業的自立に向けて本校で育成したい力を身に付けてきている*	28.4%	17.5%
保護者は本校のキャリア教育の計画・実施について理解し，協力している*	28.4%	16.3%

【附表 7】 学期末・年度末などに記録を振り返る時間の有無別の，担任からみた学級や学年の児童や保護者におけるキャリア教育の計画・実施に関する現状（小学校 （2） 図 7）

	学期末・年度末などに記録を振り返るための時間を設けている	学期末・年度末などに記録を振り返るための時間を設けていない
児童はキャリア教育に関する学習や活動に積極的に取り組んでいる*	45.0%	33.7%
児童はキャリア教育に関する学習や活動を通して，自己の生き方や進路を真剣に考えている*	36.9%	26.1%
児童はキャリア教育に関する学習や活動を通して，学習全般に対する意欲が向上してきている	30.6%	23.8%
児童はキャリア教育に関する学習や活動を通して，社会的・職業的自立に向けて本校で育成したい力を身に付けてきている	20.7%	17.6%
保護者は本校のキャリア教育の計画・実施について理解し，協力している	20.7%	15.7%

【附表 8】 「キャリア・パスポート」に「自己の成長（がんばったこと）」の記載や綴じこみの有無別の，学校のカリキュラム・マネジメントの状況（小学校 （2） 図 8）

	「自己の成長（がんばったこと）」を記載している，綴じ込んでいる	「自己の成長（がんばったこと）」を記載している，綴じ込んでいない
キャリア教育を通じて育成したい力を貴校の特色や児童の実態に応じて明確化している*	72.0%	52.0%
教育課程全体をキャリア教育の観点から整理している	21.1%	36.0%
各教科等での学習のうち適したものを，キャリア教育として位置付け，実施している	70.3%	68.0%
キャリア教育を通じて育成したい力を教員間で共通理解している	52.0%	44.0%
教員はキャリア教育に関して理解し，協力している	50.9%	40.0%
キャリア教育に関する担当者を中心とする校務分掌組織が確立され，機能している	30.0%	24.0%
キャリア教育の取組に対して評価を行っている*	32.6%	12.0%
キャリア教育の評価結果に基づいて取組の改善を行っている	26.9%	16.0%

【附表9】キャリア教育を適切に行っていくうえで，改善しなければならないこと（学校調査）（中学校（2）図1）

問14 貴校がキャリア教育を適切に行っていくうえで，改善しなければならないことのうち，優先順位の高いものを3つ選んでください。 選択肢	件数	割合	割合 （無回答等除く）
1	キャリア教育の計画の作成にあたって，ガイダンスの機能の充実を図ること	30	7.6%	8.5%
2	キャリア教育の計画の作成にあたって，カウンセリングの機能の充実を図ること	56	14.1%	15.8%
3	生徒の実態や学校の特色，地域の実態を反映した計画を立案すること	82	20.7%	23.2%
4	生徒が，学年末や卒業時までに「○○ができるようになる」など，具体的な目標を立てること	97	24.4%	27.4%
5	教育課程全体をキャリア教育の観点から整理すること	102	25.7%	28.8%
6	各教科等での学習のうち適したものを，キャリア教育として位置付け，実施すること	49	12.3%	13.8%
7	取組の目標や方法，育てたい力などについて，教員間や校務分掌間で共通理解を図ること	101	25.4%	28.5%
8	キャリア教育の担当者を中心とする組織体制を確立すること	56	14.1%	15.8%
9	教員がキャリア教育に関する研修などに参加し，指導力の向上を図ること	97	24.4%	27.4%
10	保護者や地域，外部団体との連携を図ること	51	12.8%	14.4%
11	キャリア教育に関して他校との連携を図ること	7	1.8%	2.0%
12	キャリア教育の取組に対して評価を行うこと	46	11.6%	13.0%
13	キャリア教育の評価結果に基づいて取組の改善を行うこと	45	11.3%	12.7%
14	キャリア教育を実施するための時間を確保すること	43	10.8%	12.1%
15	キャリア教育のための予算を確保すること	35	8.8%	9.9%
16	キャリア教育にかかわる体験活動（職場体験活動やボランティア活動，上級学校見学等）を実施すること	12	3.0%	3.4%
17	キャリア教育にかかわる体験活動の前後の学習を，事前指導・事後指導として関連づけること	8	2.0%	2.3%
18	キャリア・カウンセリングを実施すること	29	7.3%	8.2%
19	「キャリア・パスポート」を活用すること	75	18.9%	21.2%
20	特になし	0	0.0%	0.0%
99	無回答	2	0.5%	-
100	判別不能・エラー等	41	10.3%	-
	回答者数	397	-	-

【附表10】全体計画に示されている内容（学校調査）（中学校（2）図2）

問4(1)B Aで「1 計画がある」と答えた方におたずねします。全体計画には，以下の内容が具体的に記されていますか。あてはまるものをすべて選んでください。 選択肢	件数	割合	割合 （無回答等 除く）
1	生徒の実態	224	56.4%	56.7%
2	保護者や地域の実態	169	42.6%	42.8%
3	学校教育目標	307	77.3%	77.7%
4	キャリア教育の全体目標（学校全体で身に付けさせたい資質・能力）	302	76.1%	76.5%
5	キャリア教育の全体目標（学校全体で身に付けさせたい資質・能力）と基礎的・汎用的能力との関係	184	46.3%	46.6%
6	キャリア教育の各学年の重点目標(各学年で身に付けさせたい資質・能力)	289	72.8%	73.2%
7	キャリア教育の各学年の重点目標(各学年で身に付けさせたい資質・能力)と基礎的・汎用的能力との関係	140	35.3%	35.4%
8	キャリア教育の学校全体（教科横断，学年縦断）での具体的な取組	250	63.0%	63.3%
9	キャリア教育に必要な資源確保のための学校内外の体制	112	28.2%	28.4%
10	キャリア教育の成果に関する評価方法	49	12.3%	12.4%
11	評価結果に基づく改善の行動計画	21	5.3%	5.3%
12	キャリア教育の推進体制	102	25.7%	25.8%
13	その他	14	3.5%	3.5%
99	無回答	2	0.5%	-
100	判別不能・エラー等	0	0.0%	-
	回答者数	397	-	-

【附表 11】「キャリア・パスポート」の活用について（担任調査）（中学校（2）図3）

問 10 あなたは，「キャリア・パスポート」をどのように活用していますか。あてはまるものをすべて選んでください。 選択肢	件数	割合	割合 （無回答等 除く）
1	学期末・年度末などに記録を振り返るための時間を設けている	144	10.4%	10.6%
2	生徒同士による共有・フィードバックを実施している	60	4.4%	4.4%
3	記録に対する教員からのフィードバックを実施している	73	5.3%	5.4%
4	キャリア教育のアウトカム評価（多面的評価の資料の1つ）として活用している	44	3.2%	3.2%
5	生徒の進路（進学）支援の資料として活用している	140	10.2%	10.3%
6	教員が生徒を理解するための資料として活用している	169	12.3%	12.4%
7	該当するものがない	163	11.8%	12.0%
8	「キャリア・パスポート」を作成していない	868	62.9%	63.6%
99	無回答	10	0.7%	-
100	判別不能・エラー等	5	0.4%	-
	回答者数	1379	-	-

【附表12】将来の生き方や進路について考えるために指導してほしかった内容（生徒調査）（中学校（2）図4）

問14 あなたは、自分の将来の生き方や進路について考えるため、学級活動の時間や総合的な学習の時間などで、これまでにどのようなことを指導してほしかったですか。 「もっとよく指導してほしかった」「これまで指導がなかったけれども、指導してほしかった」など、あなたが指導してほしかったと思うことがらをすべて選んでください。		件数	割合	割合 （無回答等除く）
選択肢				
1	自分の個性や適性（向き・不向き）を考える学習	1226	35.8%	37.6%
2	高等学校など上級学校の教育内容や特色	839	24.5%	25.7%
3	産業や職業の種類や内容	701	20.5%	21.5%
4	学ぶことや働くことの意義や目的	703	20.5%	21.6%
5	卒業後の進路（進学や就職）選択の考え方や方法	849	24.8%	26.0%
6	卒業後の進路（進学や就職）に関する情報の入手方法とその利用の仕方	588	17.2%	18.0%
7	卒業後の進路（進学や就職）についての相談の方法や内容	594	17.3%	18.2%
8	将来の職業選択や役割などの生き方や人生設計	660	19.3%	20.2%
9	海外留学に関する案内・説明	458	13.4%	14.0%
10	卒業後の進路を決定するにあたっての先生からの助言	537	15.7%	16.5%
11	高等学校などの上級学校や企業への合格・採用の可能性	806	23.5%	24.7%
12	社会人・職業人としての常識やマナー	707	20.6%	21.7%
13	進学にかかる費用や奨学金制度	701	20.5%	21.5%
14	労働に関する法律や制度の仕組み	519	15.1%	15.9%
15	近年の若者の雇用・就職・就業の動向	583	17.0%	17.9%
16	社会全体のグローバル化（国際化）の動向	517	15.1%	15.9%
17	就職後の離職・失業など、将来起こり得る人生上の諸リスクへの対応	831	24.3%	25.5%
18	転職希望者や再就職希望者などへの就職支援の仕組み	522	15.2%	16.0%
19	男女が対等な構成員として様々な活動に参画できる社会（男女共同参画社会）の重要性	430	12.6%	13.2%
20	情報化の進展（AI・IoT等）による産業構造・労働環境の変化	533	15.6%	16.3%

21	特に指導してほしかったことはない	723	21.1%	22.2%
99	無回答	87	2.5%	-
100	判別不能・エラー等	78	2.3%	-
	回答者数	3426	-	-

【附表 13】「キャリア・パスポート」の作成有無別に見た学級担任の指導内容（学校調査・学級担任調査）（中学校（2）図5）

担任問 8 項目番号		「キャリア・パスポート」を作成している学校の学級担任	「キャリア・パスポート」を作成していない学校の学級担任
1	様々な立場や考えの相手に対して，その意見を聴き理解しようとすること***	61.7%	30.7%
2	相手が理解しやすいように，自分の考えや気持ちを整理して伝えること***	36.1%	18.4%
3	自分の果たすべき役割や分担を考え，周囲の人と力を合わせて行動しようとすること***	81.9%	58.7%
4	自分の興味や関心，長所や短所などについて把握し，自分らしさを発揮すること***	44.3%	21.7%
5	喜怒哀楽の感情に流されず，自分の行動を適切に律して取り組もうとすること***	32.0%	21.7%
6	不得意なことや苦手なことでも，自分の成長のために進んで取り組もうとすること***	47.2%	29.4%
7	調べたいことがあるとき，自ら進んで資料や情報を集め，必要な情報を取捨選択すること***	27.0%	18.1%
8	起きた問題の原因，解決すべき課題はどこにあり，どう解決するのかを工夫すること**	15.9%	21.5%
9	活動や学習を進める際，適切な計画を立てて進めたり，評価や改善を加えて実行したりすること***	38.0%	30.7%
10	学ぶことや働くことの意義について理解し，学校での学習と自分の将来をつなげて考えること***	44.4%	32.4%
11	自分の将来について具体的な目標を立て，現実を考えながらその実現のための方法を考えること***	46.0%	24.8%
12	自分の将来の目標の実現に向かって具体的に行動したり，その方法を工夫・改善したりすること*	27.3%	22.5%
13	上級学校や職場に関する情報を収集・活用すること***	58.8%	43.1%
14	「進学したい学校」・「就職したい職場」を選び，その実現のために努力すること***	66.1%	50.9%
15	上級学校や職場を選ぶにあたって，その合格の可能性や採用の可能性を考慮すること***	39.0%	37.1%

【附表 14】「キャリア・パスポート」の記載内容別に見た学級担任の現状認識（学校調査・担任調査より）（中学校（2）図 6)

担任問 7	あなたの学級あるいは学年の生徒や保護者における，キャリア教育の計画・実施に関する現状についておたずねします。あなたが「そのとおりである」と思うものをすべて選んでください。	「教科における学習の記録・振り返り」を記載している学校の学級担任	「教科における学習の記録・振り返り」を記載していない学校の学級担任
1	生徒はキャリア教育に関する学習や活動に積極的に取り組んでいる***	74.6%	46.5%
2	生徒はキャリア教育に関する学習や活動を通して，自己の生き方や進路を真剣に考えている*	75.4%	67.4%
3	生徒はキャリア教育に関する学習や活動を通して，学習全般に対する意欲が向上してきている***	46.2%	32.9%
4	生徒はキャリア教育に関する学習や活動を通して，社会的・職業的自立に向けて本校で育成したい力を身に付けてきている***	49.2%	32.9%
5	生徒は卒業後の就職や進学に関する教材（副読本など）をよく利用している***	0.0%	12.2%
6	生徒は卒業後の就職や進学に関する情報資料をよく利用している**	39.0%	29.1%
7	保護者は本校のキャリア教育の計画・実施について理解し，協力している***	47.5%	20.8%

【附表15】「キャリア・パスポート」に対する重要度の認識別に見た生徒の日常生活の
様子（「基礎的・汎用的能力」）の自己評価（担任調査・生徒調査）（中学校
（2）図7）

生徒問8	問8：あなたの日常生活（授業中や放課後、家庭での生活）についておたずねします。次のA～Lのそれぞれについて、自分のふだんの生活の様子をふり返った時、あてはまるものを1～3の中から1つずつ選んでください。	「キャリア・パスポート」の活用を重要と考えている学級担任の学級の生徒	非該当の生徒
1	他人の話を聞く時は、その人の考えを受け止めようとしている	98.9%	98.7%
2	自分の考えを話す時は、相手が理解しやすいように伝えている	97.3%	96.6%
3	力を合わせて行動する必要がある時には、周囲の人と役割を分担している	97.0%	97.3%
4	自分の興味・関心や長所・短所などについて分かっている	92.1%	93.5%
5	気分が落ち込んでいる時でも、自分がすべきことはしている	92.1%	90.4%
6	不得意なことをしなければいけない時でも、進んで取り組んでいる*	91.1%	87.5%
7	調べたいことがある時、進んで情報を集めている	93.4%	91.7%

【附表16】「キャリア・パスポート」に記載していること，とじ込んでいることの内容
についてあてはまるもの（学校調査・回答が10%以上のもの）（高等学校（2）
図1）

	割合（無回答等除く）
学校行事の記録・振り返り	36.9%
自己の成長(頑張ったこと)	35.1%
教科における学習の記録・振り返り	29.5%
今後の課題(これから頑張りたいこと)	29.3%
事業所等における体験活動（就業体験活動等）の記録・振り返り	27.8%
上級学校における体験活動(アカデミック・インターンシップ等）の記録・振り返り	23.1%
その他地域における課外活動等の記録・振り返り	21.2%
キャリア教育の目標(身につけたい力)に対する自己評価	19.8%
将来の夢	16.2%
先生からのコメント	15.0%

【附表 17】「キャリア・パスポート」をどのように活用していますか。あてまるもの
をすべて選んでください。（担任調査・問 11）（高等学校（2）図 2）

	割合（無回答等除く）
「キャリア・パスポート」を作成していない	66.8%
教員が生徒を理解するための資料	10.5%
生徒の進路(進学や就職)支援の資料	12.8%
キャリア教育のアウトカム評価（多面的評価の資料の一つ）	2.0%
記録に対する教員からのフィードバックを実施	3.1%
生徒同士による共有・フィードバックを実施	2.2%
学期末・年度末などに記録を振り返るための時間を設けている	8.3%

【附表 18】 自分の将来の生き方や進路について考えるため，指導してほしかったこ
と（生徒調査・上位 7 項目）（高等学校（2）図 3）

	割合（無回答等除く）
自分の個性や適性(向き・不向き)を考える学習	33.5%
社会人・職業人としての常識やマナー	22.9%
就職後の離職・失業など、将来起こりうる人生上の諸リスクへの対応	19.7%
卒業後の進路選択(進学や就職)の考え方や方法	18.4%
上級学校の教育内容や特色	17.3%
学ぶことや働くことの意義や目的	17.0%
将来の職業選択や役割などの生き方や人生設計	16.0%

【附表 19】全体計画での「「キャリア・パスポート」等に基づく指導」の重視と担任の「キャリア・パスポート」の作成・活用（学校調査，担任調査）※複数回答可（高等学校（2）図4）

	重視している	重視していない
学期末・年度末などに記録を振り返るための時間を設けている***	12.8%	7.8%
生徒同士による共有・フィードバックを実施している	3.0%	2.2%
記録に対する教員からのフィードバックを実施している	4.3%	2.9%
キャリア教育のアウトカム評価（多面的評価の資料の1つ）として活用している*	3.5%	1.8%
生徒の進路（進学や就職）支援の資料として活用している***	19.3%	12.0%
教員が生徒を理解するための資料として活用している**	14.5%	10.1%
「キャリア・パスポート」を作成していない***	59.0%	67.7%

【附表 20】担任が「キャリア・パスポート」を「生徒の進路支援の資料として活用している」クラスの生徒のキャリア意識（担任調査，生徒調査）（高等学校（2）図5）

	生徒の進路（進学や就職）支援の資料として活用している
他人の話を聞く時は、その人の考えを受け止めようとしている	74.9%
自分の考えを話す時は、相手が理解しやすいように整理して伝えている	46.2%
周囲の人と力を合わせて行動する必要がある時には、自分の役割を果たしている	57.6%
興味・関心や長所といった自分らしさを伸ばしている	43.9%
自分がすべきことがある時には、感情に流されずに、すべきことに取り組んでいる	33.1%
不得意なことをしなければいけない時でも、自ら進んで取り組んでいる	23.7%
調べたいことがある時、取捨選択しながら必要な情報を進んで収集している	50.8%
何か問題が起きた時、原因を考え、次に同じような問題が起きないよう工夫して解決している	49.3%
何かに取り組む時は、見通しをもって計画を立て、評価や改善を加えて実行している	26.8%
今学校で学んでいることと自分の将来とのつながりを考えている	37.7%
自分の将来について具体的な目標をたて、現実を考えながらその実現のための方法を考えている	37.7%
自分の将来の目標を実現できるように、工夫・改善しながら具体的に行動している	35.2%

【附表 21】担任が「キャリア・パスポート」を「生徒の進路支援の資料として活用している」クラスの生徒の学びに対する姿勢（担任調査，生徒調査）（高等学校（2）図6）

	生徒の進路（進学や就職）支援の資料として活用している
これからもっとたくさんのことを学びたいと思う	60.2%
学校での勉強は普段の生活を送るうえで役に立つと思う	40.8%
学校での勉強は将来の仕事の可能性を広げてくれると思う	52.4%
学校での勉強は将来の生活を豊かにすると思う	46.4%
学校が楽しい	40.4%
みんなで何かをするのは楽しい	56.1%
授業がよくわかる	25.7%
授業に主体的に取り組んでいる	32.3%
行事に積極的に参加している	42.0%
授業や学校行事以外の学校の活動に積極的に取り組んでいる	30.6%
家での学習に積極的に取り組んでいる	24.0%
授業以外でも興味が湧いたことについては自主的に学んでいる	31.0%

あとがき

　我が国の中学生・高校生の自己肯定感や社会参画意識の低さは，喫緊の課題の一つです。「高校生の生活意識と留学に関する調査報告書」（2012年4月発表），「中学生・高校生の生活と意識」（2009年2月発表）（（財）一ツ橋文芸教育振興会，（財）日本青少年研究所）では，自分を「価値のある人間」と評価する日本の高校生の比率は，米国，中国，韓国に比べ圧倒的に低く，「自分はダメな人間」と評価する高校生の比率は，圧倒的に高くなっています。また，「自分の参加で社会現象を変えられる」と考える中学生・高校生の比率も，海外に比べ，かなり低い結果となりました。

　学習指導要領（平成29年・30年告示：以下省略）の前文では，一人一人の児童生徒が，自分のよさや可能性を認識することの重要性を明示しており，日本の児童生徒の自己肯定感や社会参画意識の低さは何に起因するのかという課題に我々大人が正面から向き合うことを求めています。また，児童生徒が学ぶことの意義を実感すること，幼児期の教育や義務教育の基礎の上に，高等学校や高等学校卒業以降の教育や職業，生涯にわたる学習とのつながりを見通しながら，児童生徒の学習の在り方を展望することの必要性が前文では強調されています。

　それを受ける形で，学習指導要領の特別活動では，学校，家庭及び地域における学習や生活の見通しを立て，学んだことを振り返りながら，新たな学習や生活への意欲につなげたり，将来の生き方を考えたりする活動を行うこととされ，その際，児童生徒が活動を記録し蓄積する教材等を活用することとされています。生涯にわたる学習のつながりを見通しながら，自らの学習の在り方を展望していく具体的な手立てを，児童生徒が活動を記録し蓄積する教材，いわゆる「キャリア・パスポート」に求めたのです。

　また，特別活動では，この「キャリア・パスポート」を基に，自己理解及び児童生徒理解を深めていくことを重視しています。「キャリア・パスポート」の記録を活用したキャリア・カウンセリングや進路相談はもちろん，学級活動・ホームルーム活動における活用で自己評価や相互評価へ導くことを求めています。あわせて，初等中等教育局長通知（平成31年3月29日）では「学びに向かう力，人間性等」については，観点別学習状況の評価にはなじまず，個人内評価等を通じて見取る部分があることが明確にされ，自らの学習を調整しようとしているかどうかを含めて評価することとしています。「キャリア・パスポート」という自己評価を学習評価の参考資料として適切に活用することにより，児童生徒の学習意欲の向上につなげることも求められていると考えられます。

　「キャリア・パスポート」という新たなカタカナ用語ということで，特別なものが降ってくる，変えることを迫られる，というイメージになっていないでしょうか。今ある宝を今だけの宝にせず，" 一人一人の児童生徒が，自分のよさや可能性を認識できる生涯の宝"にする。そんな捉え方をしていただけることを願ってやみません。

令和5年1月

文部科学省 国立教育政策研究所 生徒指導・進路指導研究センター総括研究官
同　　キャリア教育総括調査官
長田　徹